中国女性旅游创业者

王 俞　谷慧敏 ◎ 主编

北京·旅游教育出版社

责任编辑：果凤双

图书在版编目(CIP)数据

中国女性旅游创业者 / 王俞，谷慧敏主编. -- 北京：旅游教育出版社，2016.6
ISBN 978-7-5637-3404-7

Ⅰ. ①中… Ⅱ. ①王… ②谷… Ⅲ. ①旅游业—女性—企业家—生平事迹—中国—现代 Ⅳ. ①K825.38

中国版本图书馆 CIP 数据核字（2016）第 114193 号

中国女性旅游创业者
Zhongguo Nüxing Lüyou Chuangyezhe

王俞　谷慧敏　主编

出版单位	旅游教育出版社
地　　址	北京市朝阳区定福庄南里1号
邮　　编	100024
发行电话	(010)65778403 65728372 65767462(传真)
本社网址	www.tepcb.com
E - mail	tepfx@163.com
排版单位	北京旅教文化传播有限公司
印刷单位	北京京华虎彩印刷有限公司
经销单位	新华书店
开　　本	889毫米×1194毫米　1/32
印　　张	5.875
字　　数	111千字
版　　次	2016年6月第1版
印　　次	2016年6月第1次印刷
定　　价	53.00元

（图书如有装订差错请与发行部联系）

风雨彩虹 铿锵玫瑰

据我所知,专门为旅游业女性创业者立传的书,这是第一本。我希望这只是个开始,接下来我们会持续关注女性旅游创业者,给她们更多的鼓励与支持。

根据波士顿咨询公司2014年的资料显示,2012年美国女性创业占到其18至64岁人口比例的10%,而中国女性创业占比达到了11%,与美国相当,相较于法国、德国、俄罗斯等欧洲国家女性,更具创业精神。虽然老话说"女性也顶半边天",但就我近年来接触到的数百名在线旅游创业者群体而言,女性比例不超过5%,甚至更少,所以显得更加不易与可贵。

这些女性,用"铿锵玫瑰"形容她们再合适不过了。"铿锵"意为自信、独立与坚强,"玫瑰"意为美丽、温柔与感性,"铿锵玫瑰"两者结合,代表了现代女性追求独立、热爱自由、感受生命的时代精神,同时又保留了东方女性温柔、秀美、含蓄的传统美德,铿锵玫瑰也是当代中国女性的完美诠释。

在2015年5月举办的"首届女性创业者大会"上,马云提到:"世界因为女性而美好,世界因为女性而成其为世界。永恒的女性引领我们上升!"他还提到从IT时代到DT时代,互联网+给女性创业赋予了新的能量与内涵,为女性插上创业的翅膀,使她们用智慧、魅力、本色开启创业新时代。

马云也对中国女性创业者表示敬意,"谈起女性,我们往往会想到爱、温柔、善良、美丽等美好的词汇,但同时与女性的美好相对应的,还有忍耐、坚持、承受以及奉献和牺牲。我们往往关注了女性的外在,而忽略了女性的创造和贡献……"

而本书中的主角们,正是在互联网+这个大时代背景下,基于移动互联网载体,擅用互联网思维营销,面向旅游业服务的弄潮儿们。她们当中,有的美丽,有的优雅,有的豪爽,有的知性;工作中既能高大上,也能接地气;区域上有本土创业者,也有海外华人;其业务方向涉及在线旅游产业链的各主要方向,服务于数千万海内外游客。

她们,不但是 CEO 或创始人,也是妻子与母亲。与男性创业者可以全身心投入创业相比,女性必须要兼顾到家庭,特别是孩子,这其实给了她们更大的压力。再加之创业成功本身就是小概率事件,女性在创业的路上更是困难重重。所以对于她们,我是非常钦佩的,也对她们表示深深的祝福。

不经历风雨,怎么见彩虹。创业路上,玫瑰更铿锵。祝福天下的女性创业者们砥砺前行,创造更加美好的世界!

中关村智慧旅游创新协会创会会长张德欣
2016 年 3 月于中关村创业大厦

近年来,在政府的大力推动下,我国正在迎来第四波创新创业浪潮。最新的 2014 年《全球创业观察报告》(Global Entrepreneurship Monitor,GEM)中国报告表明,中国创业活动指数(15.53)高于美国(13.81)、英国(10.66)、德国(5.27)、日本(3.83)等发达国家。另有数据显示,2015 年全国新登记企业达到 443.9 万户,增长 21.6%,平均每天新登记企业 1.2 万户。

曾经,创业是男性的专利,今天,女性也在创业领域中不断崭露头角。一项美国和瑞典创业女性的比较分析显示,从 1989 年到 2012 年,女性创业已经成为经济增长最快的领域之一,女性创办和拥有企业数量的增长速度是男性的两倍。根据 2014 年《全球创业观察报告》,从创业活动指数看,中国女性创业者(14.18,第 21 名)相对男性创业者(16.83,第 22 名),在全球创业活动中更加活跃一些。"巾帼不让须眉"这句话成为"大众创业,万众创新"时代的亮丽风景。

在旅游行业,创新创业同样进行得如火如荼。根据国家旅游局数据统计,2015 年国内旅游领域吸引投资额过 10 072 亿元人民币,同比增长了 42%。除了大型的 OTA、酒店集团如携程、如家等,小微创业公司也风起云涌，这其中不乏女性旅游创业者的身影。

由于社会角色的不同，相比男性创业者，女性创业者有其独特的创业特点。有学者之前对女性创业者的性格特征、创业动机、创业意向、领导风格、教育背景、行业选择、家庭与工作的平衡以及女性创业者面临的商业环境和政策环境等方面进行了研究，涉及心理学、管理学、经济学和社会学等多个方面。

本书借助实地和在线访谈的形式，通过"白描"的方法辅以少量的理论佐证，从女性视角来观察这些创业者，尽可能真实地展现她们的"画像"，以期使读者对女性创业者有一个形象的了解，并理解其背后的思考与选择。

在中国旅游创业家协会的帮助下，十二名有代表性的女性创业者成为了我们这次调研访谈的对象。调研从 2015 年 7 月开始到 2015 年 12 月，历时 5 个月。调研对象包括：游友移动 COO 陈佩仪、免签精选游 CEO 何婷然、风筝旅行 Co-founder 兰岚、Globuy 佰购 CEO 刘瑾、指南猫 CEO 任静、铂涛菲诺首席发展官束菊萍、狄普旅游电商 CEO 孙憬、美辰旅游 CEO 汪美丽、一村网 CEO 王嘉睿、大鱼 CEO 姚娜、海陆空旅游网 CEO 叶伟梅和游谱旅行网 COO 赵杨（按照姓氏拼音升序排列）。

北京第二外国语学院酒店管理学院院长谷慧敏教授和副院长王俞博士主导了调研、案例构思、书稿写作及内容编辑。同时，秦宇教授、吕勤副教授、李彬博士、雷铭博士等参与了调研设计及部分调研工作。硕士研究生团队李雪、王云静、黄伟、贾卉和吴玉华参与了调研、访谈资料整理、二手资料搜集和案例撰写。具体分工如下：

黄伟负责游友移动 COO 陈佩仪和 Globuy 佰购 CEO 刘瑾的案

例写作；

贾卉负责指南猫 CEO 任静和大鱼 CEO 姚娜的案例写作；

李雪负责免签精选游 CEO 何婷然、铂涛菲诺首席发展官束菊萍和美辰旅游 CEO 汪美丽的案例写作；

王云静负责风筝旅行 Co-founder 兰岚、狄普旅游电商 CEO 孙憬和海陆空旅游网 CEO 叶伟梅的案例写作；

吴玉华负责一村网 CEO 王嘉睿和游谱旅行网 COO 赵杨的案例写作。

在整个调研和报告写作过程中，项目组得到了诸多帮助，在此特别感谢中国旅游创业家协会会长张德欣、秘书长温婧及北京第二外国语学院酒店管理学院张超教授、马双博士、李朋波博士对此项目的支持。同时感谢中国旅游协会妇女旅游委员会对本项目的支持以及这十二位优秀女性创业者及其创业伙伴们对此次调研的大力支持和帮助。

受访谈时间、形式等局限性的影响，本书中收录的 12 位创业女性的案例只能算作"管中窥豹"，在内容上还有进一步深耕的必要。但作为此类文献的第一本，我们相信《中国女性旅游创业者》可以让更多的人了解到旅游行业中女性创业者的风貌。我们也计划在今后的调研中能更全面地展示我国女性旅游创业者群体的特色和风采，为女性创业研究提供翔实可靠的资料。同时也为想要进入旅游行业就业或创业的读者提供一些有益的借鉴。

本项目受到"北京市财政资金项目'酒店管理专业双元人才培养模式'"和"北京市人才强教计划'长城学者'项目"资金支持。

呦，有 Wi-Fi！ ………………………………………………… 1

骨子里的创业基因 …………………………………… 3
一路北上，从中环到浦东 …………………………… 4
海派文化下的创业者 ………………………………… 6
跨界旅游，结缘技术大咖 …………………………… 8
当哲学遇上管理 ……………………………………… 12
游友带你看世界 ……………………………………… 13
创业路上，一直有你 ………………………………… 16
女船长的自我认知 …………………………………… 16

精选旅游，说走就走 …………………………………… 18

从酒店职业经理人到旅游创业者 …………………… 18
红海中找寻蓝海——免签地旅行 …………………… 20
用"精选"解放"选择困难症"患者 ………………… 23
体会创业滋味 ………………………………………… 25
携手异性合伙人有高招——实力＋亲和力＋钝感力 …… 27

随风而行　轻舞飞扬 ·············· 30

　放飞你的梦想 ·················· 31
　明明可以靠脸吃饭,但偏偏要靠能力 ····· 34
　世界那么大,我想去看看 ············ 36
　阳光雨露,春暖花开 ··············· 39

从出境游客导购到跨境电商供应商 ····· 42

　由一次不愉快的代购经历发现的创业契机 ·· 43
　Go购全球借势而生 ··············· 45
　政策红利助推转型 ················ 46
　多重身份间的自由切换 ············· 50
　多元文化冲突与交融 ·············· 51
　寄语广大女性创业者 ·············· 53

指南猫炼成记 ···················· 55

　一只喵星人的诞生 ················ 55
　指南猫的拿手绝活 ················ 58
　充满活力的猫团体 ················ 61
　忠诚的"猫铁粉" ················· 63
　猫女王的修炼 ··················· 65

"四好青年"成长记 ················ 74

　好出身 ······················· 74
　好眼力 ······················· 77

好身手 ………………………………………… 83
　　好心态 ………………………………………… 86

深耕细作，播撒情怀 ……………………………… 88

　　播洒希翼的种子，把憧憬埋起 ………………… 88
　　精心培育，静待花开 …………………………… 92
　　播撒阳光，温暖情怀 …………………………… 95
　　心有猛虎，仍愿细嗅蔷薇 ……………………… 97

创业人生 别样美丽 ……………………………… 99

　　徽州女人初入职场　崭露锋芒 ………………… 100
　　摸爬滚打，上海弄潮 …………………………… 104
　　家庭事业双收惹人艳羡 ………………………… 110
　　胸怀理想，乘风起航 …………………………… 115

轻户外　重社交　深度游 ……………………… 117

　　山重水复疑无路，柳暗花明又"一村" ………… 117
　　轻户外　重社交　深度游 ……………………… 118
　　不畏辛苦创业路 ………………………………… 123
　　稳扎稳打　步步为营 …………………………… 125

理性任逍遥 ………………………………………… 128

　　逍遥游的灵魂——价值共创 …………………… 128
　　住宿新时尚——非标准住宿 …………………… 133
　　理性与柔情共存　严父与慈母共担 …………… 136

逍遥工作，理性做事 ·················· 142
基于性别特征的 CEO 寄语 ·············· 143

青田女儿追梦巴塞罗那 ··················· 146

青田精神扎根斗牛之乡 ················ 147
从打工妹到掌门人 ··················· 148
壮志凌云，打造旅行服务平台 ············ 150
从小家到大家的爱国情怀 ··············· 156
活出精彩 ························ 158

有谱的领导者 ························ 161

独属于你的旅行——游谱旅行 ············ 161
取是能力，舍是境界 ·················· 165
十年磨一剑 ······················· 166
马不扬鞭自奋蹄 ···················· 171
简单做人　务实做事 ················· 172
沟通连接彼此 ····················· 174

呦，有 Wi-Fi！

——记游友移动 COO 陈佩仪

最近网上流传一个关于 Wi-Fi 的很火的段子。海边度假酒店老板说各国游客来了需求都不一样：法国人来了问这附近美女多吗？德国人来了就整天潜水；意大利人来了就整天晒日光浴；中国人来了挨个问：有 Wi-Fi 吗？密码多少？让人忍俊不禁的同时，这个段子也揭示了中国海外游客的 Wi-Fi 依赖症。旅游行业人吐槽，过去传统的旅行方式是上车睡觉，下车吃饭、拍照、上厕所，而今变成了上车睡觉、玩手机、看视频，下车吃饭、玩手机、刷微信微博。以前老百姓开门七件事——柴米油盐酱醋茶，现在变成柴米油盐酱醋茶 Wi-Fi 了。互联网改变了游客的旅行方式乃至老百姓的日常生活，无 Wi-Fi 不欢的时代已经来临。

在美好的、有趣的、值得晒、值得记录的旅途中脱离互联网，恐怕那种滋味，也就比人有三急略为逊色。外出旅游，随手拍几张照片发布到微博上、朋友圈里，晒晒旅途中的兴奋之情，已经成为人们在旅途中常做的事情。可是遇到出国旅游，很多人就不得不收住这样平常的举动，因为运营商动辄天价的流量费，让很多人还是有些承担不起，高昂的流量费让众多出境游客望网兴叹。中国旅游研究院发布的《中国出境旅游发展报告 2015》显示，2014 年中国出境旅游人数首次过亿,达到1.07亿人次,与2013年相比,同比增长19.49%,这一数字在2015年上升到1.2亿人次。根据携程发布的《2014出境游免费Wi-Fi调查报告》显示,90%的旅游者认为免费Wi-Fi是旅游行程中不可缺少的服务;72%的旅游者表示有免费Wi-Fi将促使手机上网的频率提高一倍以上;26%的要调查者将在出境行程中通过手机Wi-Fi上网预订旅游产品。

　　旺盛的出境旅游需求遇到高昂的流量漫游费,在"全民Wi-Fi时代"这一大背景下,游友移动孕育而生。游友移动2012年成立于上海,是上海吾游信息技术有限公司旗下的旅游通信服务品牌。游友移动团队成立以来,一直秉承"用户体验至上"的经营理念,为境外出行的旅客提供出国Wi-Fi租赁服务,便于用户在旅途中随时随地享受网络信号。目前,游友移动提供的境外Wi-Fi租赁服务覆盖世界五大洲、100多个国家和地区。累计向100多万游客提供了境外Wi-Fi租赁服务。现阶段在北京、广州、成都均设有办事处。在上海浦东机场和虹桥机场、广州白云机场、成都双流机场都设有服务点,方便境外出行游客提取和返还设备。

　　游友移动与全球最好的通信运营商如Verizon、Vodafone、Orange、美国电话电报公司等合作。信号稳定,覆盖无死角,是境外出行游客的最佳选择。目前也为携程旅行网、穷游网、途牛网、驴妈妈旅游网、中旅、国旅、中妇旅等全国近百家专业旅游服务平台提供境外Wi-Fi租赁服务。除此之外,游友移动还为有出境游需求的人群提供社交化的O2O APP游友拍拍,通过引入旅行者交互分享返利的理念,招募海外"当地人"参与,把最真实的本地内容展示给大家,启动分享机制,更好地增加"游友拍拍"的趣味性和实用性,为使用者提供更大的便利与更好的体验,为出境旅客打造一站式境外旅行服务平台。

那么,作为游友移动的联合创始人、女性创业者的突出代表陈佩仪,又有着怎样与众不同的创业故事呢?

 骨子里的创业基因

陈佩仪是香港人,在香港出生、长大,大学就读于香港中文大学哲学系,毕业后加入了DHL国际物流公司,做的是管理培训生。DHL不算长的工作经历给了她很多机会去接触项目管理、产品开发。这对于哲学出身、未曾接受完整管理学熏陶的她来说,是一次很好的锻炼,使她可以从物质层面来看待组织和人。DHL的工作让陈佩仪有了一年外派成都的机会,也正是在成都的一年半时间,给了她充裕的时间去思考自己的未来,厘清自己的人生道路。成都的外派时光不但让她充分领略了巴蜀文化和各色美食,也让她从香港快节奏、高压力的生活工作状态中暂时地解脱出来,静下心来进行大量阅读,认识了很多年轻朋友,见证了身边很多的创业故事。在陈佩仪看来,"巴适"只是成都城市精神的一个方面。作为西南才智高地,不论是政策、创业服务机构、风投、人才等各个方面成都都在全国排名靠前,尤其是政策方面,扶持力度空前。在这样一个创新创业氛围浓郁的城市,不自觉地就会受到熏陶。这看似偶然的邂逅,在陈佩仪看来是冥冥之中自有天定。她觉得自己还很年轻,还不想要一眼就能望到头的人生,想要去闯一闯。虽然充满了未知和挑战,但也感觉冲劲十足,无所畏惧。这样的经历激发了陈佩仪内心深处不安于现状的创业之心,所以当香港DHL总部要求她回香港之后,也就是在2012年年底,陈佩仪放弃了稳定且薪水丰厚的工作，选择离职，义无反顾地来到了上海。

陈佩仪虽然是土生土长的香港人，接受的是与内地完全不同的西方教育和文化价值观，但是这并不影响她的内地情结。陈佩仪的父母是潮州人，二三十岁才移居香港打拼的，操着几十年不变的潮州话，而潮州人能吃苦、善经商的特点也在他们身上得到体现。陈佩仪的父母在她还很小的时候就在香港创业做生意，从无到有，一点点打拼，所以陈佩仪说自己就是在创业经商的家庭环境下成长的，而这种家庭氛围对她如今的创业道路有着莫大的影响。她认为如果家庭几代人都是警察，他们的后代即使不是警察，从事的也会是和警察相关的行业。家庭给了她商业视角与触角，这种视角和触角尽管在当时可能还不足以体现，但是在她创业道路上的每一步都让她受益匪浅。

一路北上，从中环到浦东

提起香港，我们脑海里会立刻浮现出香港的以下特色：继纽约、伦敦后的世界第三大金融中心，国际和亚太地区重要的航运枢纽和最具竞争力的城市之一，连续21年经济自由度指数位居世界首位。香港以优良治安、自由经济和健全的法律制度等闻名于世，素有"东方之珠""美食天堂"和"购物天堂"等美誉，也是全球最富裕、经济最发达和生活水准最高的地区之一。这样的一幅画面，是一个人人为之向往的都市。因此在很多人看来，陈佩仪放弃在香港繁华殷实的生活，来上海创业的决定有些不可理解，但是她并不这么认为。她给出了三点理由：

止不住的探索欲

陈佩仪举了一个例子。有一段时间她天天看《新闻联播》，每天都会关注农作物收割的情况，什么农作物收割了多少亩，突破了一个什么产量，那时候她才对于"量"这个字有了更加深刻的理解。而这是她在香港从来没有直观感受过的。在她看来，生活在香港，就像偏安一隅，并没有量和规模的概念，因为香港十分依赖进口，需要多少就买多少，只有买到和买不到，并不知道背后产量的变化。来到内地之后，陈佩仪更加深刻感受到香港的"小"了。作为一个抱着"知其然，知其所以然"的处世态度、探索欲又极强的女性，内地有很多她想得到的未知答案，这让她着迷和神往。

金融至上，创业非主流文化

陈佩仪认为香港虽然是弹丸之地，但是香港人优越感十分明显。在香港，城市繁华多彩，金融业十分发达，是亚太地区国际金融中心。在精英社会里，人们对资本充满了渴望，对金融产品的依赖程度很高，金融在香港有着至高无上的地位，这导致了人们过度聚焦金融业，而忽略了创造资本的本源，大量的资金在金融圈流转，并没有流入到实体经济，更流入不到创新创业的群体。此外整个香港社会主流价值观推崇的都是金融地产行业里的佼佼者，稳定体面高薪工作的吸引力远远超过创业。然而，这种精英式的固化和稳定也束缚了年轻人寻求突破的冲动和激情。作为一个拥有不安分的创业之心的香港人，内地的创业土壤显然对于陈佩仪更加具有吸引力。

完善的线下商业，创业动力不足

香港的社区很完善，几乎每个社区都有配套的公共体系。交通、购物、饮食、健身娱乐等设施一应俱全。也就是说，人们的日常消费只要去楼下就可以解决，线下完善的商业业态使得线上需求显得有些多余。加之香港很小，交通便利，人们即使去买一些非日常消费的商品也很方便，无论到铜锣湾、尖沙咀，还是旺角，即使你住得再远，一个小时也都可以到达。所以香港人从来没有感受到购物的不方便。在这样完善便捷的社会环境下，年轻人的创业动力自然是不足的，互联网时代的创业大潮似乎也并没有唤起香港年轻人足够的创业激情。而由于在内地待过较长时间，陈佩仪对于内地居民对互联网的旺盛需求有着较为深刻直观的感知，这是在安逸的香港社会所察觉不到的。巨大的创业商机让陈佩仪觉得值得一搏。

虽然很多香港年轻人不愿意离开香港，但是内地如火如荼的创业浪潮还是吸引了越来越多像她一样的香港年青一代。对陈佩仪来说，勇敢大胆地走出香港，勇于改变和突破，去重新了解内地，到内地发展，积极融入互联网创业的浪潮中，对于香港年轻人大有裨益。

海派文化下的创业者

说起为何创业扎根在上海，而不是选择离家近的广州或深圳，抑或是资源优势明显的北京，陈佩仪半开玩笑地说："选择了上海是因为我怕冷，所以没去北京，在香港冬天再冷也不会低到零下几度,我没有经历过也无法想象零下十度左右的寒冷天气。其实很多朋友告诫过我上海更冷,因为北京有暖气,但我还是跑来上海了,后来也觉得挺合适的。因为我是在香港长大,好像上海这么日程紧凑的生活我会更适应一点。后来也有机会去北京,才发现北京真的很大,真的不太习惯。我觉得这也是一种缘分吧,就来到了上海。"

当然,显而易见的是,天气并不是陈佩仪选择上海作为创业根据地的唯一因素,上海与香港两座城市有着相近的历史背景和文化传统。上海对外来文化的开放和对外地人的包容,对新事物的接纳及对新意的追求与香港有许多相似之处。而开放、多元、包容、融会与创新的城市精神也是创业培育的良好孵化器。

上海的创业氛围很活跃,它的中小微企业数量、创造的就业数量遥遥领先于全国其他城市,而且在上海成立的互联网公司数量也仅次于北京。所以,即便上海没有在互联网创业中展现出高歌猛进的势头,但它发达的中小微企业系统让它更像是个包罗万象的森林,足以容纳各种各样的生态。更不消说,它还有发达的金融和国际化优势,且地处范围广阔、民营经济极为活跃的长三角大市场腹地。面对这样一座城市,创业者们拥有无尽的机会。

此外,上海的互联网创业公司也受到了上海独特的"海派文化"影响,上海海派文化既有江南文化(吴越文化)的古典与雅致,又有国际大都市的现代与时尚。区别于中国其他文化,海派文化具有开放而又自成一体的独特风格。"海纳百川,兼容并蓄"的海派文化,体现在上海文化的方方面面,是追求、尊重多元化与个性,兼顾个人和社会利益,以契约精神为主导的理性的、随和的、较成熟的商业文化。因此,在纵览全国创业圈时会发现,相比北京、广州、深圳的喧闹,上海这座国际化大都市的创业声浪低了很多。精明、低调、务实,等等,是与上海海派文化挂钩的词汇。北派的创业者,大多数身上带着疯狂,除了产品本身之外,他们更多谈理想、谈情怀、谈上市。这种乐观的创业精神带动了风投的投资热潮,某种程度上,那里更像是冒险者的乐园。但在精明务实的海派眼中,只谈创业理想与情怀是行不通的,相比梦想盛行的北方,上海的创业者会更注重商业模式和盈利模式,有很强的做盈利性企业的意识。因此对于产品,追求稳扎稳打,需要研究每一个服务对象,重在聚焦。这恰好契合了上海创业者普遍的创业态度,专注耐心地打磨自己的产品。海派企业注重轻量级的生活服务产品,借助上海的产业环境,海派企业能够更加容易地出海,面向整个国际市场。

游友移动的产品和市场特征,加上陈佩仪作为一个女性创业者天生具备的低调、务实又不失闯劲的个性,让游友移动扎根上海显得十分自然。

 跨界旅游,结缘技术大咖

陈佩仪来上海前也问过自己,创业的兴趣点在哪儿?"当时在大企业里,脑子里一股劲想的都是创业,迫切地想尝试一些全新的东西,亲身经历从无到有的过程让我着迷。当时就是想给自己两年时间去试试这样的生活是否适合自己。我宁可去向未知探索,去经历体会,而不是过每一步都规划好的人生。就像那句话说的'宁可做错,也不愿什么都不做'。创业是一个很好的尝试,对我来说就像旅行一样。因为在成都,出境自由行的热情十分高涨,很多身边的同事,当地的同事、朋友也有背包去欧洲度蜜月的,有去韩国、泰国旅行的,频繁的出境旅游让我觉得出境游市场的火爆其实是一个不可逆转的趋势。"女性天生的细心以及敏锐的观察力告诉佩仪,像微信、微博等社交软件以及相关旅游服务 APP 已经高度覆盖出境旅游者的旅行生活,出境游 Wi-Fi 市场大有可为。

陈佩仪也经常会和朋友同事讨论出国旅行的种种心得感悟,会经常关注出境旅游的相关数据。她自身的性格特点也和旅游行业有着很高的匹配度。美国著名心理学家霍兰德1959年在长期职业指导实践基础上提出了著名的霍兰德人格类型—职业匹配理论。该理论将人的兴趣类型分为以下六种:现实型、研究型、艺术型、社会型、企业型、常规型。根据霍兰德的理论,个体的职业兴趣可以影响其对职业的满意程度。当个体所从事的职业和他的职业兴趣类型相匹配时,个体的潜在能力可以得到最彻底的发挥,工作业绩也更加显著。

霍兰德的职业兴趣环形结构模型是霍兰德职业兴趣理论的精髓,它有四个核心假设:第一,大部分人都可被归于六种职业兴趣类型中的一种。当然,这只是理论上的分类。每个人由于文化不同、个体差异和环境差异而具有不同的职业兴趣类型。第二,现实社会中存在六种不同的环境类型。所有这些不同的环境分别由不同类型的人所组成。例如,研究型环境由研究型的人占主导,即该群体中研究型的人最多。第三,人们倾向于寻找和选择那种有利于他们能力发挥,实现自身价值的环境;同时,环境也选择人。这是一个长期的过程。第四,个人的行为是其个性和环境特征交互作用的结果。透过个体人格和环境模式的不同匹配,可以预测此个体的行为,如职业选择、工作转换等。陈佩仪的性格特征与旅游行业有着十分高的匹配度,而如今陈佩仪在工作上如鱼得水的表现也证明了自己当初投身旅游行业的正确性。

游友移动另一位创始人李剑波也是令陈佩仪选择上海的重要原因。陈佩仪通过香港的朋友结识上海的创业者,一个天使投资人介绍她与现在公司的 CEO 李剑波认识。两位都是对旅游感兴趣的人,一拍即合,陈佩仪放弃了其他好几个发展前景不错的项目,与李剑波开始了创业生涯。从接触到最后启动项目,陈佩仪仅仅用了两个月时间。如此高的效率,陈佩仪自己回头看时都觉得有一点冒险。她直言这和性格有关,而她如此高效也是因为李剑波有着扎实的技术根底。技术大咖 + 哲学女神的团队组合,差异巨大的学科和知识背景,从事的又是从未涉足过的旅游行业,这样一种尝试在创业初期并不被人看好,然而陈佩仪和李剑波则用实际行动在出境 Wi-Fi 市场上开辟出了新天地,证明了知识和经验异质性对于企业的绩效是有显著的正向影响的。

在理论研究上,Hambrick(1984)最早从团队异质性角度对高管团队成员构成特征和公司绩效之间的关系进行了研究,创团队异质性和企业绩效关系研究之先河。目前被广泛认可的创业团队的定义是由 Kamm 提出的,即创业团队是基于共同的愿景和兴趣,联合创立企业的两个及两个以上的个体。创业团队异质性既包括团队成员之间年龄、性别、种族、教育水平、文化背景等特质的差异化,又包括成员认知、经验、价值观等深层特质的差异化。而创业团队的异质性是基于这样一个共同愿景,即为了共同的企业目标,团队成员会求同存异。从另一个角度来说,这种异质性也会给企业带来一定益处。团队成员知识异质性会使不同成员看待问题的角度和层次不同,这就可以使整个团队考虑问题比较全面,即使成员之间观点有分歧,也可能在探讨中碰撞出火花,甚至产生新观点和新方法,而这也是创业过程必经阶段,是有利于企业发展的。创业团队成员知识异质性越高,他们关注的领域就越广,信息来源就越多,对于提升自身管理能力和水平也是十分有益,而这又给予了企业源源不断的创新动力,促使其不断进步。

游友的团队分工明确,大家各司其职,但在实际工作中,各方面的工作都会涉及一些,像佩仪主要负责运营和人力,但也会负责技术和渠道的一些工作。相比大企业相对固定的岗位和角色,在创业团队,分工和角色定位的相对流动性高一点,因此在日常管理中需要经常学习一些技术、管理上的知识,弥补专业短板。陈佩仪还举了一个例子补充道:"一次团队开会,剑波介绍出境 Wi-Fi 的产品。因为不是技术出身,凭空说比较难以消化,他就拿了一个路由器来。我自己动手配置了一个移动路由器,然后问他说的是不是这个,由此打开了话题。这样的例子在平时交流沟通过程中还有很多,我在努力学习技术上面的东西,而剑波他们也在探索一些管理上的经验。虽然团队成员背景差别挺大,但是都在慢慢磨合学习,所以并没有太多的不适应或者冲突。"

作为一个香港人,陈佩仪经常会因为操着一口香港普通话在公司里闹出不少笑话,混杂着中英文的港普起初让团队成员理解起来都有些摸不着头脑,这对陈佩仪来说并没有什么好尴尬的,在彼此熟悉融合之后,反而起到了黏合剂的作用,让整个团队联系更加紧密,团队氛围也更加轻松。陈佩仪说自己现在更多的是后端的支持,李剑波在前面冲,公司现在有 200 多人,公司规模扩大了,团队几个创始人也在跟进学习管理。陈佩仪介绍道:"我的工龄最浅,管理经验很欠缺。并且我们几个都没有带大团队的经验,前后端的沟通还不是很高效。现在大家就像开船,一条船要开得远,就要能够平衡,分工合作,现在的沟通机制需要有人来协调。这种变化是公司发展到一定规模后的要求。以前管理好自己cover的一块就行,现在需要的是平衡,是需要用一种合力来平衡。公司现在的目标是这条船能走得更远,我们也都在时刻调整。"

 当哲学遇上管理

香港的高等教育始终立足于香港本地的实际和未来发展的要求,办学特色非常鲜明,各大学均有自己独特的教育理念和使命追求,从而不仅避免了各校盲目趋高的现象,而且能促使各院校相辅相成共同发挥作用,满足社会的不同需求。例如陈佩仪就读的香港中文大学其办学方向是培育学生综合思考能力,拓宽学生视野,使其成为既具有专业知识,又有处世智慧的人才。这样的培养定位与陈佩仪善于反思的性格特征、国际化视野的气质十分吻合。"国际化"是香港高校最大的优势之 。几乎所有香港高校与欧美大学都有交换生计划,为学生提供了广泛的交流学习机会。不只是高校,香港从中学开始就会有相应的交换游学计划覆盖,陈佩仪早在中学时就已经参加过赴英国的游学团。得益于这样的教育体制,陈佩仪有了更多的机会去接触世界,培养国际化思维和视野,也培养了自立能力。

本科硕士读的都是哲学,可见哲学确实是陈佩仪比较喜欢的学科。从她读本科到读完研,直到今天,哲学都是她个人的一个兴趣点。至于为什么没有继续从事哲学研究工作,陈佩仪认为她对自己还是十分了解的,对于哲学是纯粹的喜欢,但并不是能静下心来潜心学术的那种人,因为读书时需要很大的定力,而且得经受住很多孤独。陈佩仪认为自己目前还比较欠缺做学术所需要的性格，可能有了一定时间的积淀会考虑学术这条道路。但是当前陈佩仪更加喜欢在商业世界里去解决问题，更加喜欢职场上那种节奏，这与她的性格比较匹配，这是第一。第二，之前的工作遇到了比较好的老板，他们也让佩仪感受到走出象牙塔，投入社会工作，沟通模式、思维技巧和在学术圈的一种单纯的考量是完全不同的。而且，自己学哲学学的主要是思想方法，思想方法是一种活的东西，可以调整你的思考方式，但是，前提是得先把握方法。尤其在工作的过程中，不论是以前的工作还是现在的工作，佩仪还是更喜欢每天投入做自己热爱的事情，比如说现在正在做的。

不过哲学给佩仪带来的辩证思维、沟通交流能力上的提升让佩仪觉得哲学带来的影响还是在的，譬如说怎么样分析问题，怎么从团队不同员工的视角考虑问题等，其实都在。尤其在企业规模扩大、面临管理上的问题时，迫切需要哲学方法论作为指导。英国著名管理学家克·霍金森曾经说过："倘若哲学家不能成为管理者，那么管理者必须成为哲学家。"陈佩仪的哲学出身对于企业的管理和运营水平的提升，以及团队凝聚力的增加还是大有裨益的，这种感受伴随着企业规模和业务的拓展而越发深刻。

 游友带你看世界

陈佩仪介绍，游友移动的核心产品就是 Wi-Fi，提供给客户到境外开机就可以上网的服务，解决出国漫游费贵和找卡的问题。现在游友基本上已经覆盖欧日韩新加坡北美这些热门海外旅游目的地，这个覆盖的过程就是产品的优化，而且有一种网络的效应。

客户用了一次，下次你要是覆盖了，客户还会选择游友的产品，形成较强的用户黏性，这对游友来说是一个很大的跳跃。

陈佩仪坦白承认开始游友没有量级的效应，合作方就是运营商底下的代理。但今天游友的主要境外线路是与运营商对接的，拥有直接的代理权，这就是市场给游友的。现在游友不仅仅提供Wi-Fi，产品线开发到了游友的APP，进一步布局，客户在境外旅游时食住行游购娱的优惠活动，通过游友APP是可以享受到的，同时游友也和万事达卡合作发行了一个万事卡通道的卡。对游友来讲，游友主要解决客户三个阶段的问题，首先就是游客出境的时候是没有网络的，游友解决connectivity，就是连接的问题；其次游友在信息层面深挖，所以做了APP；最后消费的需求就要通过信用卡支付来完成，游友又在支付环节上做文章。这样一步一步来完善游友整个的产品线。

陈佩仪介绍，就自己创业的阶段性来讲，从2013年游友投入市场开始到2014年春节，游友移动是处于比较缓慢的上升过程，团队的压力还比较小。第一次突破就是在2014年春节，那时候携程开始把Wi-Fi作为标准配置放到旅行团队里面。这是一个很强烈的信号，说明已经有企业关注到境外Wi-Fi服务这片蓝海了，携程这个量级的影响很大。在那个时候游友经历了一个很大的转变，因为没有针对相关从业人员进行相关培训，产品如何卖，如何磨合并不清楚。对渠道是理解了，但是不知道怎样推荐给客户，让客户接受游友的产品。经历过那个节点后，在2014年的"十一"黄金周，游友在快速增长中不断完善运营体系，订单不断进来，需要很多的流程。2014年"十一"黄金周高峰期间和之后，是游友过得很艰苦的增长时期，团队的人数翻了两番，而且所有引进的员工都投入到商务和运营上面来，也逐渐地发现很多运营上的问题，比如说供应链的问题、系统的问题、采购的问题，需求的爆发推动了游友运营体系的搭建和完善，这是第二阶段。2015年的春节和"十一"黄金周又是高峰，尤其是春节期间，陈佩仪着实体验了空中女飞客生活，国内外连续往返飞，韩日的出境Wi-Fi使用热度很高，推广得很顺利，是增量的亮点，需要经常去协调货源的各种情况。陈佩仪预计两个所谓高峰过了之后订单会迅速下滑。但是实际上三月份的订单是要比二月份的订单有所增长的，而且是维持每个季度翻倍的增长，从2014年的"十一"之后每个季度翻倍。这个市场反馈给陈佩仪一个很强的信息：市场已经进入到一个全新的轨道，它已经超越了正常的波幅，市场已经打开了，即使过了传统境外游的高峰时期，市场订单仍然超过了以往高峰时期的订单完成额。从运营的视角来看，境外Wi-Fi市场彻底打开了。

游友公司还做海外旅游垂直领域移动Wi-Fi。目前传统运营商的解决方式价格贵，在便捷性、网络质量、个性化服务上难以满足客户需要。游友旅游是以低成本发掘大量潜在用户，形成流量入口。游友的第二代产品能更方便地实现各个当地网络间的自动切换，接入体验更佳。团队的电信运营能力与海外运营商的纽带关系可以形成有效竞争门槛。出境游客消费能力强、群体特征明显的，精准的商务推广会非常有效。近来旅游方面特别是海外游和移动互联网结合的项目众多，很多在线导游、目的地景点商品推广等项目都需要借助无线网络来实现，因此专攻移动互联网生态圈的"金角银边"，精耕出境Wi-Fi业务，深挖出境旅游需求的游友移动无论在市场影响力还是盈利能力方面都是十分值得期待的。

创业路上,一直有你

很多女性创业者都会遇到事业和家庭选择的难题,但是这个难题对于陈佩仪来说却简单了许多。陈佩仪的母亲对于她的培养模式是较为开放的。佩仪说创业其实需要很多很多人的支持,你在前面打拼的时候,后面是有很多东西需要承担的,可以说是很痛苦的。当时佩仪和母亲说想离职,长的不敢说,至少是一年内收入会不稳定,一直待在内地。佩仪的母亲就说你开心就好,不用担心我。佩仪身边有很多人也有过想创业的想法,但是他们有很多的顾虑和担忧,最后就会不了了之。但佩仪的妈妈并没有抱怨,给予佩仪最大的支持,这种支持就是放手,让佩仪可以安心地去闯。这一点佩仪觉得自己无比幸运。当时读哲学很多父母就会觉得这是没钱赚的,读哲学出来肯定是没工作的,肯定是失业的。佩仪记得考大学的时候,佩仪把此类顾虑也和妈妈说了一遍,妈妈还是以"你读什么自己喜欢就好"的态度去支持佩仪。佩仪说妈妈甚至没有一次催婚,身边很多朋友都有自己的家庭,也会有朋友提出相亲,佩仪的妈妈会主动帮佩仪拒绝,说这种事情应该是佩仪自己就可以搞定啊,不需要给她太多压力。佩仪说:"妈妈给我的是很强大的后盾,让我可以在创业的路上勇敢地放手去闯"。

 女船长的自我认知

谈到用一个词概括现在的自己,佩仪幽默地说:"可以用'吭哧吭哧'吗?哈哈哈,好奇心、探索的欲望、前进心态、做事决绝,缺点是会被事情的细节给绕进去。我比较喜欢低头做事，现在就是学习管理，学习怎样让一条大船航行得更远。我一定要在做决定的时候站出来，协调大家来划船，保持高速且不偏离航向。"

作为女性创业者的一员，佩仪也有几句寄语送予正在创业或者有意愿创业的广大女性："需要有又当自己是女人，又当自己不是女人的心态。女人这个词语，不是一个女人来定义的，大家用固有的女人的心态来看你，然而我们要打破这个传统，就事论事。淡化性别观念，不要带着情绪去看待别人看待女性的固有观念，要按自己的想法做自己、做女人。以前没有女人跑马拉松现在不也有了吗？我们也在重新定义女人，在创业里面也是，我们都在定义。首先不要自己跳进这个坑，不要指责别人让你跳进那个坑。我们要用自己的行动来为自己定义。"

展望游友移动的未来，陈佩仪说："游友移动快到三岁了，孩子在三岁左右是成长的重要阶段，我们在学习大人，我们在慢慢学习站在大人的角度给自己汲取成长的营养。我们知道哪里痛哪里不舒服了、可以叫爸爸妈妈了、可以梳理问题了、可以沟通了，我觉得游友就是这个状态。我们在学习管理，不断学习新的知识，不断丰富对市场和客户的认知，以期可以更好地适应市场和客户的需求。"

Wi-Fi 不仅作为一种实现网络连接的工具，为人们的生活提供了便利，更重要的是它可以建立和实现人与人之间的联系，让沟通和交流有了无限的可能，这也是互联网最大的价值体现。出境 Wi-Fi 的设计初衷不是让游客成为低头族，而是让游客可以更好地融入目的地，用网络连接旅途中的彼此，发现分享和交流的乐趣，这也是游友移动不断前进与探索的不竭动力源泉，期待游友的未来！

精选旅游，说走就走

——记免签精选游 CEO 何婷然

根据世界旅游组织发布的年度统计数据，2015年全球出境游人次同比增加4.4%，达创纪录的11.8亿，而中国2015年全年出境游人次已达1.2亿，继续稳坐最大出境游客源国的宝座。出境旅游花费1045亿美元，同比增长16.7%，依旧引领全球出境旅游。根据同程旅游发布的2015年出境游消费报告，跟团订单占18.90%，单品27.09%，更多的游客选择了自助旅游，占比超过54%，表明在线购买游客更偏重于轻松自在、设计优质的自由行。

在众多提供自由行服务的旅游电商中，有一家以独特的市场定位吸引了众人的目光，这是国内首个免签目的地的垂直旅游电商——免签精选游。免签精选游于2014年7月上线，上线仅6个月就对外宣布平安创投600万人民币的天使轮融资完成。发展如此迅速让人不禁好奇这是一家怎样的公司，它的创始人又是谁？

 从酒店职业经理人到旅游创业者

晚上八点，位于广州的免签精选游办公室里还有几个员工在忙碌，何婷然也在加班，一身粉色的套裙，尽显青春靓丽。这是她的第二次创业了。自从创办了免签精选游,她一般每周工作六天甚至七天,每天都工作到十至十一点。为了能从多方面了解她,我们还采访了她的联合创始人COO史文龙和AP俞雪勇。为了能使同事早点回去陪伴家人,她提出来让我们先对这两位联合创始人进行采访交流,可见她的细心和对同事的关怀。

2007年时,何婷然进入了7天连锁酒店。当时7天的业务还是偏线下,后来逐渐转为线上。在7天工作期间,她一点一滴把7天的电商部门做了起来,后来担任7天连锁酒店电子商务部总监。2011年,她从7天离职。在7天待的四年是7天发展最快的时期,用户的规模从几十、几百到了几千万。随后她又在维也纳酒店担任电子商务部总监。在维也纳短暂地待了一年,她选择离开去创业,做数字营销。2014年第二次创业,开始做免签精选游,她又把之前的公司卖掉了,彻底从酒店职业经理人转变为一个旅游创业者。

其实,职业经理人和创业者之间是有很大不同的。Ben Horowitz——硅谷,甚至是全世界最受推崇和最成功的风险投资者之一,也是 *The Hard Thing About Hard Things*(中文译为《创业维艰》)的作者,他曾经说过,两者的本质区别为职业经理人往往是"事务驱动"型,而创业者往往是"驱动事务"型。就职于成熟企业的职业经理人每天接收大量的汇报、参加许多会议、搜集整理要处理的事务,然后一一解决,他们通常能够娴熟地处理这些事务,做得越久,技能就优化得越好。而公司则不需要他们做出对发展方向影响较大的决策,只要求他们做自己,当一个任何时候都可以被轻易替代的标准化螺丝钉。而初创企业的创始人则需要"驱动事务"。公司里没有成熟的团队架构和业务流程给他们反映问题,他们需要自己去寻找问题、开辟方向,这些问题往往都是他们以前没有经历过的,所以并不一定能处理得很好,常常是勉强解决问题。同时,初创企业几乎需要创始人不断做出大小决策。

"这次创业基于我本人对这件事情的热爱,我很喜欢旅游。把工作和兴趣结合,应该定义成事业当中最完美的组合",因为创业是一件非常辛苦的事情,如果对自己所做的事情不怀抱热情的话,很有可能被这过程当中的一些困难打倒。

在7天连锁酒店和维也纳酒店担任电子商务部总监的时候,何婷然和媒体及旅游业者的交流比较多。在接触的过程中,她发现随着消费的逐渐升级,越来越多的用户对经济型需求减缓,而对高品质的需求逐渐上升。随着自由行在未来可预见的盛行,热衷自由行的游客对于旅游品质和效率更为看重,都愿意把钱花得有品质,由此也产生了更多商机。同时基于她自己自由行时深感订机票、酒店,做旅行计划的麻烦,也找到了用户需求的一些"痛点"。在这样的情形下,她希望自己能够创立这样一个平台——满足自由行游客追求品质和效率的需求。

作为中国首家专注免签目的地精选推荐度假产品的公司,他们从大量品质参差不齐的免签国/地区产品中挑选出品质最好的,再根据不同顾客的差异化需要(机票、酒店、用车、行程安排)加以组合推荐,跟进整个服务过程,从而保证产品品质符合顾客的期望,主打关键词"免签"和"精选"。

 红海中找寻蓝海——免签地旅行

"蓝海"和"红海"的说法出自欧洲工商管理学院钱·金和勒

妮·莫博涅教授的《蓝海战略》一书,这本书被誉为"为全球的企业界寻求新的战略手段提供了一种新的管理范式"。作者认为,市场是由两种海洋所组成——红色海洋和蓝色海洋,简称红海和蓝海。红海代表现今存在的所有产业,这是我们已知的市场空间;蓝海则代表当今还不存在的产业,这就是未知的市场空间。

在红海中,每个产业的界限已被划定并为人们所接受,竞争规则也已为人们所知。在这里,企业试图击败对手,以攫取更大的市场份额。随着市场空间越来越拥挤,利润和增长的前景也越来越黯淡。产品成了货品(commodities),残酷的竞争也让红海变得越发鲜血淋淋。

蓝海战略不局限于已有产业边界,而是要打破这样的边界条件。有时候蓝海是在一片全新的市场天地中开辟的,但是很多时候蓝海可以在红海中开辟。比如原来麦氏、雀巢这些厂商都是采取低成本,在价格上竞争,咖啡已经货品化,而星巴克一出现就击倒所有对手,在原有红海中开辟了蓝海,几乎达到垄断地位的发展高度。

从整个旅游市场中细分出"免签市场",是何婷然从红海中找寻到的一片蓝海。因为对于旅游者来说,办理签证是一件费时费力费钱的事情,不仅要提交各种证明材料,缴纳签证费,走各种流程,而且还面临着被拒签的可能性。根据去哪儿网2015年出境机票大数据报告,中国出境游人均频次为1.26人次。"就目前来看,出国旅游属于低频的市场,可以说大部分旅游者在网站上消费旅游产品的频次只有一年1次,'没签证也能走'的免签方式可以降低国民出国度假的门槛,在低频的出境游市场中切出一个高频出境度假市场",她这样认为。

根据英国亨氏顾问公司发布的2016年全球享受免签政策国家(地区)排名,其中德国护照以177个免签国家(地区)位居榜首,中国护照可享受免签政策的国家(地区)排名则由2015年的93位升至87位,免签国家(地区)数量达到50个。其中热门目的地包括马尔代夫、泰国、印尼、毛里求斯、斐济、尼泊尔、帕劳、马来西亚、韩国济州等,此外,还包括过境免签的中国香港、中国澳门、新加坡等。

旅游电商已经不再是单一地强调"大而全",而是更多关注于"小而美",因而,品类创新成为了旅游电商行业发展的关键。除了基于目的地的旅游细分,也有针对不同人群的细分,如亲子市场、情侣(婚庆)市场等,还有根据档次的划分;另外也可能出现以兴趣为标准的垂直细分,比如摄影旅游等。何婷然提出的"免签"细分市场再次证明,虽然在线旅游的竞争依然激烈,但是想象空间依然很大。"用户脑海里面是一个空白,如果我首先占据它,在心里面占据它,就有可能成为第一。"

事实证明,精选游选择细分市场定位是正确的。运营不足1年,就以月均超50%的速度发展,目前网站的注册用户超10万人,服务过近万名顾客出行。伴随中国旅游的进一步发展,以及国际实力的进一步展现,免签国还将进一步增加,由"免签"所带来的旅游商机也更加凸显,市场前景看好。而且免签属于真正"拔腿就走",手续上的简便不但增加出行消费频次,也缩短决策过程,利于免签出境产品销售。

用"精选"解放"选择困难症"患者

假期自己宅在家里,还是跟朋友出去玩?旅游乘飞机,还是搭火车?酒店选择位置便利的,还是设施好的?去日本这么多旅游线路,该选择哪一条?

互联网时代,信息量空前巨大,每人每天接收到的信息不是太少,而是太多。越来越多的人陷入"选择困难症"的泥淖中无法自救。在这样的形势下,与其让用户做选择题,不如利用专业知识和经验,通过对资源的整合,为用户做尽可能精准的推荐。

免签精选游的目标人群是有一定经济基础和品质追求的年轻一族,年龄在 25 到 40 岁,他们希望能快速获得符合自己需求的出游路线和安排。同时,要有值得信赖的服务,更要有实惠的价格。"他们在考虑旅游的时候,第一反应不是目的地和价格,而是跟谁、什么时候",所以何婷然决定做基于场景的产品推荐,准确读懂他们的需求,从客户旅游场景切入,精选出最佳航班、最佳酒店、有特色且个性化的目的地游乐项目。例如当用户选择亲子游的时候,其实背后的潜台词是"时间不太长的飞行""酒店提供儿童服务"等。这时免签精选游就会根据这些筛选出食住行游购娱各个环节都符合亲子需求的产品。比如说"吃",小孩子的餐厅不需要像情侣那么安静,是活泼的,还要有 BB 凳,BB 餐之类的;"住"的话,小孩太小,两三岁,用不了那么多的设施,可能就是爸妈带着小孩在海边玩一下,所以尽量安排靠海的房间;等等。他们会把这些特色的东西融入到客户的需求中去。或许还要带上爷爷奶奶、外公外婆,因此兼顾不同年龄需求便至关重要。

钱钟书老先生的《围城》中有一句大家耳熟能详的话，"结婚以后的蜜月旅行是次序颠倒的，应该先共同旅行一个月，一个月舟车仆仆以后，双方还没有彼此看破，彼此厌恶，还没有吵嘴翻脸，还要维持原来的婚约，这种夫妇保证不会离婚"，得到了普罗大众的认可。为此，免签精选游又设计出了"婚前试爱"这个产品，以满足情侣们"考验彼此"的需求。

对于如何实现精选产品，何婷然解释说，通过他们对用户的出游行为进行分析，"发现用户在行前、行中都会存在不同的困惑。行前会存在选择困难，而行中则会面对安排行程的烦恼。"在行前机票酒店打包产品选择方面，免签精选游构建了一个精选模型，有12层筛选指标，通过2层筛选工序完成机票酒店上架，同时首页主推精中选精的TOP10产品。这就保证了所有产品首先必须是精品，然后还有精中选精的产品。

另外，精选游的精选是双向的。网站上所呈现的每一个推荐产品，不仅有按照传统的出发地目的地分类，同时贴有如"亲子家庭""闺蜜同游""探险猎奇""休闲度假"等个性化需求标签，用户不单可以由此选择"机票＋酒店"的半动态产品，还可以根据自己的游玩喜好、兴趣偏好，在当地游产品中选择自己喜好的产品，如当地游、租车自驾游、潜水装备租用、下午茶、SPA等。整个流程就在一次预订中完成，实现客户个性化需求的一键筛选。

免签精选游还会不断吸纳经验丰富的产品顾问，并安排产品顾问远赴海外目的地开发挖掘产品，为用户找寻旅游中真正的乐趣。目前，市场上有不少目的地旅游产品仅仅是供应商针对中国用户提供的，与本土特色的一些游玩节目仍大有不同。而免签精选游的产品顾问在衡量产品性价比之余，也会尽可能通过所提供的目的地产品,还原目的地的人文风采。

"旅游服务是细致活儿,需要从顾客需求出发加以考虑,为游客设计契合的产品服务,从而才能最大限度提供最优质、最贴心、最实惠的产品和服务。这是精选游始终坚持的初心。"何婷然坚定地说。

深化产品以使得服务迎合个性需求、产品自由动态组合的模式,为中高端用户群体提供了一个"更好的"出游解决方案。可以说,免签精选游不但从旅游产品中正式建立了"免签"这个新式品类,更以"精选"模式,以极具性价比的旅行解决方案,将旅行品质提升了一个台阶。

 体会创业滋味

既然选择了远方,便只顾风雨兼程。选择独立创业的她,和众多创业者一样会遇到各种问题。

第一是确立自己的商业模式,进入以及立足市场的方式。"旅游消费持续时间较长,涉及各个环节,造成旅游产业的价值链很长。对创业者来说,这提供了多种可能性。你要做哪个环节呢?作为小微创业企业不可能做大而全,做整个链条,那就必须决定要做什么。这就要考虑怎样细分市场寻找机会,同时要想清楚自己与别人的不同。因为会被别人问,你和携程有什么不同,你做的这个事情携程不可以做吗?你必须面对诸多的质疑。"

第二个是团队组建的问题。"早期的时候你仅仅有一些想法,把想法变为现实肯定需要号召能力互补的人一起来做。女性创业者组建团队会有一些困难。因为女性在这个市场以及整个社会里的领导力、判断力、权力都是相对弱于男性的。很多人在组建团队的过程中会发现挺难的,就如同襁褓的婴儿夭折率是最高的。你得有个概念,只有一两个人的时候,会面临到诸多的困难,这种困难甚至会让你自我打击。因为你会面临所有的不确定和质疑,亲朋好友的、团队的、投资商的等。这些都是你在团队组建早期会遇到的问题。所以你必须有坚强的意志往前走。"

第三个问题是资金来源。"互联网创业,现在还是偏'烧钱'模式,就算是不烧钱,要让企业快速发展,仍然需要融资。资金来源于哪里就会成为你要考虑的问题。目前在旅游市场上,男性创业者是主体,女性不太多。女性偏柔弱,能否有清晰的目标带领团队走向未来?投资商会对女性有一定的质疑。面对质疑,我觉得要做的就是厘清方向,一步一步推进,给所有人足够的耐心、坚定的信心,给人勇气去克服所有的困难,通过公司的成长来解决这个问题。性别是天生的,无法改变,而想创业这件事则是自己可以控制的,可以坚持的。"

"经历过以上三个步骤,前进的过程当中还会遇到运营层面的一些更细节的问题。比如说业务问题,管理问题,人事问题(因为公司在不断地发展),这是所有人(创业者)都会面临的问题。"

现在单身的她并没有太多来自于家庭的牵绊,晚上除了应酬、参加活动,基本上都得加班到九十点才回家。成家以后,创业会不会受到影响,如何平衡家庭和事业的关系,这对于她而言,还是一个未知的考验。

携手异性合伙人有高招——实力+亲和力+钝感力

免签精选游目前的核心团队由三个人组成。联合创始人史文龙是她的老朋友,曾任7天连锁酒店的市场合作总监,现任公司的COO;AP俞雪勇早年供职于华南第一家海外上市的旅游电商企业,负责整个公司的在线市场运营,当时就职的这家企业上市后,与合作伙伴联合创立高端旅游企业,深钻旅游产品的设计,在市场上快速形成了其企业行业口碑;除了这两个创始人,还有何婷然。

其实团队最初只有何婷然和史文龙两个人,后来他们发现在创业过程中技术和产品始终是个短板,还需要一个合伙人的补给。何婷然就想到了自己在7天工作时的业务合作伙伴俞雪勇。俞雪勇曾从技术男、市场男转变为旅游产品设计者,更能基于用户的需求设计出个性化的产品。史文龙具体负责客户体系维护,并且代管分销部门。

"之前自己从来没想到会和一个女性一同创业,因为更喜欢与几个大男人一起合作",俞雪勇如是说。

"我没考虑过性别的问题,合不合适是最重要的",史文龙接过话说。

何婷然到底是怎样"征服"两位合伙人的呢?

首先是实力。"她有比较好的远见,能够前瞻性地发现新的机会;同时执行力比较强,说到就去做到;此外就是沟通、业务对接,以及接受新事物的能力比较强。比如说沟通能力,其实我们几个原来都分散在不同的行业、不同的领域,之后能聚在一起基本上是以婷然为核心,把我们拉到一起的。有一次我们有个活动,有个朋友正好跟我们几个都认识。他说,婷然竟然能把这几个身处各个领域业务完全不相关的人全都撺掇在一起,真的有很强的能力。在一个创业团队中,把不同的人都揉在一起确实是挺困难的事情。这是一个特别突出的表现吧"。

其次是亲和力。"她的亲和力,如与陌生人之间的迅速亲和,就男人来说,特别是就我来说,我是没有这样的能力的。和别人要蛮久才能达到像朋友一般交流聊天。但她可以见一次面,就很快地像朋友一样交往。这在业务开拓方面是很重要的一项技能。""不知道是男性的共性还是我们俩的性格恰巧就是这样,在日常工作中,当遇到问题时,Ice-breaker还是她,不管是在对外对接还是其他各个方面,由她去解决问题,往往比我们好很多。这也许是女性特有的,也许是何总特有的特长。在俞总进入团队之前,属于我主内、她主外这种状况。所有的融资、谈判,基本上是何总一个人搞定的。而且对于融资、谈判我没有太多的方向感和心得,但她可以非常顺利地说服这些投资商。最后我们谈下来平安作为我们的投资方,应该说她的功劳是居功至伟的。"

"当然,我们的工作当中会有一系列的摩擦。因为大家的背景、学识、经历不一样,看待问题也是不一样的。"

"男性和女性的沟通肯定也会有顾忌,不可能完全像男性之间那样去处理。这种异性合作是个新课题。但在我们公司也没有想象中那么麻烦",俞雪勇笑称。"我们会调整自己沟通的方式,更细腻一些",史文龙补充说,"然而何婷然自身的性格是非常温和的,大家有矛盾的话,她可以通过跟大家沟通、聊天,把矛盾化解开,扮演团队里润滑剂的角色。"

最后是钝感力。"钝感力"一词是日本作家渡边淳一的发明。

按照渡边淳一自己的解释,"钝感力"可直译为"迟钝的力量",即从容面对生活中的挫折和伤痛,坚定地朝着自己的方向前进。"钝感虽然有时给人以迟钝、木讷的负面印象,但钝感力却是我们赢得美好生活的手段和智慧"。钝感力有五项铁律:迅速忘却不快之事;认定目标,即使失败仍要继续挑战;坦然面对流言蜚语;对嫉妒讽刺常怀感谢之心;面对表扬,不得寸进尺,不得意忘形。

"女性创业者和男性创业者在工作方式上没有差别,因为本来就是对事不对人。但是可能在相处方式上会有一些差别,比如说男人和男人吵架了,一起喝个酒就 Okay 了。男性和女性的相处方式不同,再加上我本身又不会喝酒,不可能特别豪气地说,今天很不爽,出去喝一顿吧,喝完酒就什么事都没了。在这些事情的处理上,女性创业者钝感就要更强点。不能像一般的女性,对事情比较敏感。而且男性本身钝感比女性强,如果女性在工作当中强化了自己的敏感性,就可能会导致在工作中带情绪。所以在工作当中和男性的相处钝感强一点可能会更好一些。因为创业和你结婚、成家是一样的,除了吃饭、睡觉的十二个小时,你的时间都是跟你的 Partner 一起度过的,所以肯定会有摩擦。"

谈及女性创业,何婷然认为"女性创业者想要获得成功需要热爱自己所做的事情,并且要具备勇气和坚强的意志。创业是挺难的,但是要给自己信心,追随自己的内心去做。我觉得每个人在这个世界上所做的事情除了生存之外,就是让自己快乐。"祝福这样一个"明明可以靠脸吃饭,偏偏要靠努力拼搏的温婉妹子"在这条创业路上越走越好。

随风而行 轻舞飞扬
——记风筝旅行 Co-founder 兰岚

曾经不惜砸重金,也要漂洋过海开眼界。如今,高调回国求职却不尽如人意。在之前的国内就业市场中,"海归"一直是很多企业备受欢迎的宠儿。而如今,随着海外留学热潮和就业形势的巨大变化,从"物以稀为贵"到"飞入寻常百姓家",当初笼罩着光环的"海归"(海龟),不知从何时起出现了"海待"(谐音海带,即留学归来却找不到工作的待业者)的现象。

但是,海龟中也不乏这样一群人,他们打破传统,大胆创新,用创业代替就业。如搜狐公司张朝阳,从麻省理工学院毕业之后,手持风险资金,回国创建了爱特信公司,成为中国第一家以风险投资资金建立的互联网公司。该公司于 1998 年 2 月 25 日正式推出其品牌网站搜狐,同时更名为搜狐公司。2000 年 7 月 12 日,搜狐于美国纳斯达克成功挂牌上市。

今天我们要介绍的主人公是一个美女"海龟",她有着丰富的异国求学经历,作为 90 后,她不走寻常路,坚信创业才能实现自己的梦想。

放飞你的梦想

2014年初,面临毕业的兰岚和许多同学一样,开始了对未来的思考。究竟是回国还是继续留在国外发展?"当时,面临毕业,也拿到了一些公司的聘书,其中不乏世界500强和跨国知名企业。同时也收到了悉尼大学的录取通知书。"兰岚回忆道,"但是内心还是有种按捺不住的冲动,特别是过年回家后,看到成都发生的巨大变化,我就更加冲动了。"

回国之后,她在闲暇时间会给蚂蜂窝写一些游记,有时也会被邀请做旅游的分享嘉宾。她说自己不是一个闲得住的人,就将简历放到网上。当时有一家公司看到她的一些经历就联系到她,希望她能到他们公司工作。她也想先工作看看,了解国内市场。觉得那家公司还不错,就去试试。

经过几个月的实习,积累了一些旅游业的从业资源,慢慢地自己对创业也有了一些新的想法。她看到西南市场有很大的创业空间,而如果去国外继续读书,等到毕业后再创业,时机可能就错过了。

Gaylen N. Chandler 和 Steven H. Hanks(1998)针对12个创业团队进行的研究表明,创业团队多以兴趣相投为选择成员的标准,而不是把团队成员的专业能力互补性作为选择标准。兰岚的创业团队组建也是如此。因为曾将自己的旅行经历写成游记放到网上,平时又是旅行分享嘉宾,在旅游圈内小有名气,从而很快认识了很多圈内好友,大家彼此分享旅行的经历。通过聊天,得知大家彼此志同道合,热爱旅游。在出境游方面,相比前几年出境游客主要集中在北京、上海、广州等一线城市，近年来，二线城市出境游开始兴盛起来。大家都觉得西南这边市场挺好，虽然相对北上广深会滞后一点，但是一拍即合决定去试试，这更激发了她提前创业的热情。大家给企业起了一个象征自由的名字——风筝旅行。

风筝旅行以成都为核心，向西南地区主要城市扩散，包括贵州、陕西、云南等出发地。服务内容包括自由行产品、全球签证服务、目的地吃喝玩乐产品、私人定制及出境会务会展服务。其中签证业务量比较大，因为风筝旅行是中国青年旅行社授权的签证中心。

公司的经营策略是以签证为引流，针对一些目标客户群体，定期向他们发送一些产品，比如针对办韩国签证的客户推送韩国自由行产品。自由行以海岛和都市游为主，欧美市场则偏向于一些深度旅行，在欧洲会开发南法、克罗地亚这样的冷门线路。企业的宗旨是开发一些小而精美的线路。这些线路的开发，涉及与多家企业的合作。自由行在当地会有一些合作的商家，包括供应商、地接等。

在自由行板块，不是传统的"机票＋酒店"的单一模式，而是"机票＋酒店＋目的地"的碎片化产品，除了目的地的包车、导游等传统服务外，还会提供一些当地特色产品，比如到当地居民家品尝美食，亲自体验皮划艇项目，或者前往法国酒庄游览，参加当地风味派对，在泰国潜水，到澳大利亚跳伞，甚至参与美国的反恐培训等服务项目。

其中反恐旅游可以说是该企业的一大特色。首先，现在全球各地的反恐培训比较少，之前菲律宾有，后来因为政治原因关闭了。现在有的两个目的地就是美国西部和泰国。在做定制服务的过程中，他们发现一些喜欢极限运动的客户，尤其是年轻的男性会对枪、飞行、高尔夫这些很感兴趣。企业在美国的项目，会提供一个为期三天的培训课程，培训中会接触手枪、冲锋枪这些基本装备，包括射击、组装等，最后会进行一个相关的活动。在泰国的项目，会安排顾客直接住在兵营里面，培训的项目有体能训练、射击训练、实枪知识等，但时间也比较短，就是三到七天左右。

团队成员由有多年经验的签证服务专家、专业旅游产品经理、传统旅游行业精英、长居国外足迹遍布全球的旅行定制达人组成，均有多国旅行经验。共为四人，两个女生两个男生。其中有一个年龄稍长是他们的老大哥，做了十多年的签证服务，现在仍然负责签证服务这块。一个是专业的旅游产品经理，一个是从阿姆斯特丹留学归来从事了一年多酒店业的女性，现在负责一些运营和推广。兰岚自己负责产品这块，也特别喜欢做产品开发，而公司的业务主要是做出境旅游，加上她去过的国家比较多，可以更好地从客人旅行体验角度出发，提供从西南地区城市出发的高品质出境产品。所以由她主要负责产品及每个月的沙龙分享活动是再合适不过了。

提到未来发展，风筝旅行的近期目标是品牌推广，聚集更多关注风筝旅行的人群。有了足够的关注，顾客自然就会选择风筝的产品。现在风筝旅行已经有一些稳定的客户做预订。中期目标的是希望风筝旅行持续稳定发展，无论是供应商还是当地的碎片化产品都能有一个长期稳定的合作，把公司的产品扎稳根。长远目标就是风筝旅行能够成为西南地区的领头者，把自由行的产品以及服务提供给整个西南片区的人们。

明明可以靠脸吃饭，但偏偏要靠能力

相约QQ视频，第一次见到她，静静等在电脑的另一端，彼此还没说话，就被她美丽的外貌和安静的内心所吸引。

兰岚称得上是一位大美女，长发披肩，黑色的眼镜框更加衬托出她白皙的脸色，一举一动落落大方。她平时还会游泳和健身，所以身材保持得很好，兴趣广泛，还会画画，是异性中理想的交友及结婚对象。她完全可以依靠上天赋予她的美貌优雅拥有闲适的生活，可她却选择了依靠坚强去跋涉艰难崎岖的创业之路。

她的能力体现在多个方面。首先她是一个沟通智者。通过交谈可以感受到她身上的亲和力和良好的沟通能力，而这两个能力除了能和客户实现很好的沟通，往往能够帮助企业找到更多的合作伙伴。风筝旅行合作的大多是法裔华人，多是用英文交流，所以她与合作伙伴沟通起来也没有障碍。比如，风筝旅行的上佳合作伙伴之一，起先就是她通过法国的旅游协会认识的，后来当她再次到法国的时候，通过一次旅行建立了彼此良好的关系，到目前公司依然与其保持着良好合作关系，她功不可没。

合伙创业，合伙人之间的良好沟通非常重要。创业团队成员之间难免发生冲突，有关战略绩效目标或其他重大问题的冲突需要创业团队成员通过沟通来解决，创业团队成员之间的交流有助于提高新创企业的绩效。而成员之间在重大问题上意见相左又缺乏沟通有可能降低新创企业的绩效（West和Meyer，1998）。目前公司的四个合伙人中，有一个年龄较长，彼此之间有性别差异，但是她表示与其他三位之间完全不存在代沟，而且其中做运营的女生同样有留学经历，彼此之间沟通很随意，另外再加上大家志同道合，合作较为顺畅。她身边的朋友也有很多60后70后。

其次，她是一个实干者。在她眼中，风筝旅行，属于服务行业，更需要用心经营和维持客户关系。从采购产品、挑选产品、投放产品、客户咨询到最后出行，她和合伙人都希望给客人最好的体验，很多事情都是亲自上手，通宵熬夜、周末加班，司空见惯。在合伙人的眼中，最想用精明、干练来形容兰岚。她对于很多事情的判断很精明，会很用心听合伙人的意见，然后用自己的思想去描述，用自己的行动干练地去做事。她很独立，一个人生活，在家庭、应酬、工作等很多方面，她胜过很多同龄人。所以连合伙人也觉得选择她合作很幸运。有这样的年轻人组合在一起，整个团队也很有冲劲，心甘情愿做好旅行这件事。

她还是善于从生活中发现商机的小能手。当时在美国读书，由于对家乡亲人的思念，自己回国的频率相对多一些，这使得她慢慢掌握如何获得廉价机票。当时留学美国的人很多，她就利用自己的资源优势，倒票给留学生，自己从中收取一定的服务费。这样的商业头脑可不是一般人有的。倒卖机票应该是她与旅游业最初的接触。

兰岚也是一个文艺青年。她平时会在蚂蜂窝上面写一些游记。打开她的主页，一首优美的背景音乐顿时将我的视听感官吸引，让我沉浸其中，《赤脚行走——缅甸Myanmar（附地图）》这篇游记更是将兰岚的文艺气息表现得淋漓尽致，可惜在本文有限的篇幅中只能截取这样一小段——"当我赤脚踩在这片土地上，才发现哪怕再荒唐的梦想，哪怕路远马亡，能让我们在漂泊无依的日子里坚持下去的力量只有一种，信仰。我曾无数次想象过自己会是何时踏上缅甸这片佛的土地,却未曾想到在短短不到半年的时间我便来到这个国家。哪怕听了无数关于缅甸的政治局面混乱,看了昂山素季的《The Lady》,依旧抵挡不了对于蒲甘的向往,那个千佛沉寂的凡间国度。就像人总会有大大小小的执念,佛语有句说宁执有如须弥山,莫执空如芥子许,而缅甸就是我这么多大大小小执念中千丝万缕的一条。"游记配有地图,细心的旅行小贴士等,还有让人惊叹的美景,更有当地的人文生活……不能在此一一呈现,实为一大遗憾。

世界那么大,我想去看看

好奇心是人类的天性,它引领人们去探索未知的世界,从混沌走向光明。好像每一个从事旅游业的人都有爱玩而且会玩的特质。兰岚在美国留学期间,可去了不少地方。每次自己出行都会做好详细的准备工作,比如出游攻略。从她后来的游记中我们可以看出,准备工作真的是相当细致。她开始都是自己玩,后来身边的朋友都要跟着她一起玩,她就成为他们的旅行小助手,每一次带大家出行都安排得合理有趣。现在看来,这段经历对于她目前做的一些工作如制定行程,以及旅游中会注意一些比较细微的东西都是非常有帮助和有关联的。

在法国留学期间还辅修了艺术,因此在普罗旺斯待了有大半年。说到在普罗旺斯的学习经历,那可谓是一种"诗意"的生活。喝酒画画是每天的主题,当然这也是那边的一种习惯,比如吃晚餐一定会配红酒,然后出去写生画画。

别人都说考驾照很难,但她觉得这是必备技能。她在那里平时每天都要开五六个小时车，也遇到很多搭车的人，但这些人大多都是当地的失业者而不是旅行者。她曾经在开往萨拉热窝的路上搭了一个男孩儿，他英文也不是很好，但是他当时说了两句话"no money（没钱），no food（没食物）"，这给她很多的思考。因为战争，在萨拉热窝很难找到工作，也没吃的。她搭上他就把自己的食物都给他了。通过谈话，了解到小男孩的家人被战争夺去了生命。谈话进行到这里引发了彼此特别多的感慨，但印象中当时他的表情并不是很伤心而是很愤怒。她说她可以感受到他的悲伤，这种悲伤是她没有经历过的。一路上还可以看到很多居民楼上的枪眼。通过旅行去感受世界的不完美，这也是旅行的收获。

她还有过几次非常难忘的旅行经历。这些可能都是你想象不到的。

她曾经一个人自驾去了巴尔干，去之前很多人就很担心。她说她倒真的没有想过害怕，而且她相信在这个过程中会遇到很多有趣的人。我们可以从她后来的游记中看出她当时的想法——"难道要等到60岁后，再去寻找自己想要的自由？朋友问说你真的是一个人，始终抱以怀疑，我想也只能是一个人，因为出现的有关自己的镜头都是self（自己），无从解释。他们说勇敢有多危险，然而不是，就像不曾认为自己有像老卡那样被暗杀几次还敢于直言的革命力量，只是一个执着于梦想以及不愿放弃信仰、偏执的俗人，然而却异常满足。有多少的路我们因为未知担忧恐惧而放弃，又有多少因为时间工作的借口而有受限，不仅仅是旅途，而是你真实而热切的渴望，那些你未曾想过放弃的事，是否还会坚持，直到尽头。"

还有一次在美国留学的时候，当时美国和古巴还没建交。她觉得古巴离美国很近,又是中国的好兄弟,就想去看看。但是周围人没有人愿意跟她一起,大家都担心去了古巴,可能回美国的时候就会被拦下,但是最终她还是去了。当时在美国找不到去古巴的机票,她就先到墨西哥城,在那儿待了两天。墨西哥城,是十大暴力城市之一。她可以感受到那里很乱,当时在地铁上发现都没有亚洲人或者女性,每到一个地方周围所有人都会看着她。当她进入一个当地的餐厅,里边正在用餐的人得知她是自己开车从中国来的,整个餐厅的人鼓起掌来。当时她还感觉很奇怪,后来帮她翻译的一个瑞典人就跟她说,他们觉得她是从一个遥远的东方的神秘的地方来的。可能对于那边的人来说,中国就还是一个很神秘的东方面貌,而不是一个完全开放的状态。

之后由墨西哥城买机票飞到哈瓦那,当时在哈瓦那带给她的感触也挺多的,尤其在老城区当看到穿着校服戴着红领巾的人,感觉就像是到了另外一个自己儿时的童年。那些孩子,他们有的就在路边,聚在棚子里,坐在长板凳上上课。古巴因为比较闭塞,人们全都讲西语。这也跟美国对古巴的政治封锁有关系,基本上英语是全不流进的,但是古巴对中国人很热情。她还看到古巴所有的大巴车都是宇通牌。这些在旅程中都带给她很深的感受。

关于旅行,她有自己的看法。首先在自己旅游的时候比较喜欢体验式的旅行。在做体验旅行的时候就想把一些自己的体验和感受包括改变自己生活或者影响自己生活的东西都带给那些愿意体验的人们。

阳光雨露,春暖花开

  Caputo 等(1998)的研究表明,家庭中丈夫有创业经验,那么在财务、人力资源,以及业务方面的能力、经验等会提高妻子创业成功的几率,同时在创业过程中可以更好地帮助妻子规避一些风险。Henley(2005)认为,有创业经验的父母正向影响女性创业者的绩效。因此,一个家庭中亲人的创业经验对于创业者来说无论在经验上还是能力上都会有一种引导。

  生活在大家庭中是另一种幸福。两岁的时候,父母各自组建了新的家庭。兰岚从小便跟着外公外婆一起生活。在这样的家庭中长大,看似放养型,但是对她自主能力的锻炼是有益的。在她成长的路上,亲人更多的是给予意见。

  每个人一生中都会有这样一个人,不管你身在何处,面临如何的境遇,他永远是你内心深处的精神支柱,就如天上的北斗七星指引道路的方向。当我们问到她的那颗北斗七星是谁时,她不假思索地回答是自己的外公,这引起我们极大的兴趣。

  外公是家乡钢铁行业的企业家,为人非常有魄力,做就要做到最好,所以在她的印象中,他总是劳动模范,因此会有各种各样的表彰。因为是家里唯一的女孩子,每当有这种机会,外公总是拉着她的小手,一起参加这种活动。除了甜蜜的宠爱,还有严格的教育。每年置办花生糖果这样的年货的差事,从小就交到了她的手上。外公就是通过这种事情,培养她办事的能力。

  晚年的外公不幸罹患白血病,虽然在治疗当中要承受很多痛苦,但是他从来也不会跟家人抱怨,还总是安慰身边的亲人,甚至会和他们开些玩笑,心态很积极。外公所有的这些举动,对于从小跟在身边长大的她有特别大的影响。外公可以说是家里的核心人物。在这个大家庭中,围绕外公,形成了固定的每周五家庭聚餐日,外公使得家庭和公司都具有这种很强的凝聚力。他培养了一家人,包括家人之间的这种和谐氛围,每个人处世的原则,他将自己身上的正能量都传递到每一个人身上。

家庭环境真的会对一个人的性格和为人处世产生很大的影响。在和她谈话的过程中,你可以看到她超乎年龄的冷静和沉稳。细聊下来才知道,这些都深受长辈的影响。前面提到,外公作为那个地区最早一批做钢铁产业的企业家,从小就生活在公司里。外婆在公司的内部银行工作。成长过程中兰岚跟着他们学到很多产业方面的东西。父亲在国企工作,会接触一些旅游业方面的人,而妈妈又是在政府机关工作,有应酬的时候,她也在一边学习讲话和为人处世,自然从小就懂得这些方面的技巧,看来也不足为奇了。

自己的家庭毕竟是自己的经历,她没有想刻意回避或者不想让别人知道,接受自己发生的所有事情就是她对生活的基本态度。这可能跟她学习宗教有关,宗教学可以让人展示本我,追求自己最本真的状态。

她对待最不好的事情,仍然保持一种阳光的心态。回忆在美国留学期间,当时女性遇害事件比较泛滥,为了避免类似事件发生,她坦率地回答,会随身携带避孕用品。她说一定要有这种心理准备,如果真的遇到了这种事情也要注意安全。因为她觉得女性必须学会一些防身的本领,但是真正遇到时,其实百分之七八十是没有办法反抗的,有时候甚至反抗的结果会更不好。如果到了那个时候,有这样一个保护措施,可能事后她会更庆幸一点。最后她提到,我们一定要做最坏的打算,并为这个打算做好一些补救措施,但是也要有好的希望和预期。

她觉得,无论在生活中还是做事、与人相处,都一定要抱着一种感恩的心态,哪怕这件事情真的对你影响特别糟糕,也应该感恩这件事情带给你的灾难甚至是不幸,这样才能够尽快地调整自己的心态去接受所有的事物,这会让你更好地看待一些事情。

让我们祝愿她和她的事业,就像风筝一样,在追求自由的天空中,迎风飞扬,翩翩起舞。

从出境游客导购到跨境电商供应商
——记 Globuy 佰购 CEO 刘瑾

"黑色星期五"到了,海外购物网站全英文,英语才过四级看起来吃力怎么办?国际品牌包包国内专柜价格比国外专柜高出一倍怎么办?找不到优惠幅度最大、跳楼价的心仪商品怎么办?国外人生地不熟购物被坑回国要吃土了怎么办?血拼伐开心,相信剁手党们很多都会有相同的体会,每当出国旅游或者类似黑色星期五这样的节日时,这种怅然若失的感受想必会更加强烈。

根据自由行服务平台蚂蜂窝旅行网、今日头条、中国银行联合发布的《全球旅游购物报告2015》显示:2015年中国游客出境自由行的原因中,有53.6%的人把购物列为主要目的;而平均每个中国旅行者会把一半以上的旅行费用花在购物上。2015年,中国出境旅游购物市场规模已达6841亿元,远远超过"海淘"市场规模的2400亿。中国游客境外购物人均花费5830元,同比增长16.3%,相当于每个出行者在境外买了一个LV手包。国家旅游局预计,2015年中国出境游客消费支出将高达1940亿美元,出境旅游人数突破1.2亿人次。2000年,中国只有1050万人出境游,仅仅过了14年,中国的出境旅游人数便增长了10倍,增长速度世界少见。中国游客全球旅游购物的重心,也从奢侈品为主转为提升生活品质的品牌药妆、化妆品、生活用品。多国签证放宽、直航增加、人民币汇率上升、食品安全等多重因素,都让中国游客在全球的旅游购物越发频繁。与此同时,中国在线旅游网站(尤其是 UGC)的迅猛发展,则使出境旅游的购物信息和价格更透明。在这一大批优秀在线旅游企业之中,Go 购全球导购(即佰购)就是其中之一。

波兰女诗人辛波斯卡曾经说过:尽管人生漫长,但履历表最好简短。用这样一句诗来描述 Go 购全球导购(即佰购)CEO 刘瑾的创业生涯,是最恰当不过的了。

 由一次不愉快的代购经历发现的创业契机

刘瑾的专业是经济信息管理,毕业后起初做的是企业管理,后来在北京一直于 IT 行业做人力资源管理。刘瑾开始与美国结缘是在 2009 年,爱人赴美访学,刘瑾也跟随爱人一同去美国短暂生活。在这段时间,她从事过一段短暂的代购。就是从代购开始,刘瑾发现代购市场的巨大商机。追根溯源,早在 1997 年,互联网的应用开始在中国崭露头角,与商业服务巧妙结合,掀起了第一轮电子商务发展热潮。

十几年间,在网络技术和电子商务快速发展和不断创新的影响下,网络海外代购——一种依托于电子商务平台的跨国代购行业模式应运而生。海外代购分为熟人海外代购和网络海外代购。前者是由熟识的经常出国或在国外的人,如导游、空姐、留学生、国外从业人员等,在国外实体店铺或网站购买商品,邮寄或亲自携带给国内需求者的代购方式,多在熟人、亲属间出现,并且不以盈利为主要目的。而网络海外代购,属于电子商务的一个分支,是基于互联网应用及国际物流，为购买者提供代理购买海外产品并从中赚取代理费等相关费用的服务。在模式上，网络海外代购包括B2C（Business to Customer）及C2C（Consumer to Consumer）两种服务方式，即依附于大型购物网站的私人代购C2C网店（如淘宝网的海外代购店铺）及商家直接搭建的专业B2C代购网站（如小红书、美国购物网）。

  网络代购独特的运作模式和行业优势很好地满足了国际性网络购物的需求，迅速受到了消费者和经营者的追捧。但是经过半年的实践，刘瑾发现代购模式有很多弊端，比如代购就是从零售的身份去购买回来，购买单件商品数量也会受到限制，价差很小，利润点很低，没办法做大；再者，她感觉到在美国代购偷偷摸摸地买东西，给商品拍照，还会受到冷遇，这种体验很不好。说起这个，刘瑾谈起了当时在美国代购的一段经历。一次，刘瑾去美国西部玩，她那时候做代购，帮国内客人买东西，到了欧莱雅的奥特莱斯店里发现商品很便宜，于是就很兴奋，想买很多。挑了很多之后，店员就很生气地跟她说：这里是限购的，这里一次性购买不能超过500美金，同一款商品购买不能超过3个。鉴于你这个行为像是要买回去转卖的，所以，我不卖给你了。当初刘瑾刚刚接触代购，不是很理解，就很生气地质问：我进店的时候你们没有告诉我这个规定。告诉我这个规定之后，我按照你的规定去购买，你为什么要拒绝卖给我？店员解释说，因为你的行为像是一个倒卖商，不像是一个普通的消费者，所以我有权拒绝卖给你。当时刘瑾跟店员在店里发生了几句争执，就觉得很委屈，为什么会这样子？而且，特别是从外国顾客的角度来讲，顾客是上帝，你怎么可以这样子对待我？刘瑾打算要投诉，然后店员就叫了一个保安过来赶她走，刘瑾当时眼泪就下来了。店员固执地说,这是我的权利,我们公司有这个政策就是不卖给你。然后刘瑾试图跟保安讲理,保安就说,因为有很多的人会到这里来买东西然后回去卖,所以,他们店里头有这个规定是很正常的,他们也没有办法,他们有权利这么做。这件事让刘瑾觉得很委屈,让她难过了很久,几天都没想通。后来冷静下来,刘瑾就想,如果可以设立一个公司,直接和品牌方去联系,自己去到厂家进货,而不是通过零售渠道去买,买了之后去转卖,这样可以有效规避代购的种种不利因素,还可以扩大规模,利润点也相当可观。这一次不愉快的购物经历让刘瑾因祸得福,点燃了她内心创业的热情。

 Go 购全球借势而生

起初创业阶段,从 2010 年开始,刘瑾就有尝试做跨境电商这一块的业务。因为当时国家的政策并没有像现在这样给予大力扶持,当时的跨境电商还处在一个相对灰色的地带,所以业务没有做大。在做跨境电商的过程中,刘瑾积累了许多商家的资源,发现了一些中国出入境游客的购物需求,迸发出一个新的想法,把游客到国外购物的这个需求,加以整理梳理,引导游客在国外进行购物,运用原有的一些商家资源和对境外商家商业模式的了解,把双方的需求和供应匹配起来,将信息发布给游客。所以,在 2013 年,刘瑾团队做了一个 App 发布上线,叫 Go 购。刚开始叫 Go 购美国,覆盖国家还只有美国一个国家,主要提供境外游客在境外购物的导购服务。后来业务又扩展到其他的国家,更名为 Go 购全球,例如欧洲、日本、韩国、东南亚这些出境旅游购物需求旺盛的国家及地区也陆续被纳入 Go 购全球覆盖范围。

其实,整合海外购物资源,提供给游客导购信息这样的一种想法也是源于在美国的生活和代购经历中亲身感受到的国人赴美旅游购物的热度持续高涨。据美国国家旅游办公室(The National Travel and Tourism Office,简称 NTTO)发布的数据显示,2014 年共有 218.8 万名中国旅客访美,总共豪掷 237.7 亿美元,每 10 名中国游客中 9 人会购物,平均每人花费约 10 800 美元,在美人均消费水平全球第一。惊人的消费能力让刘瑾深刻体会到购物市场所蕴含的巨大商机,同时她又感觉到好多游客都不是很清楚到目的地应该如何更加高效便捷地购物,只是可能从国内旅游门户网站上一些达人攻略中去获得关于购物方面的一些信息,信息获取的渠道还是比较匮乏的,购物盲目、低效率,购物体验也较差,同时国内和美国也没有一个专门的 APP 去帮助出境游客到国外去买东西,包括当地的一些最实时的优惠资讯,游客是无法在出行前就获得这些信息的。刘瑾敏锐地观察到这片市场的空白,数年专攻跨境电商积累的一些美国当地的商家资源就发挥了作用,于是说做就做,Go 购全球导购诞生了。

政策红利助推转型

Go 购全球导购诞生伊始,刘瑾团队一致认为方向是正确的,但是发现它的盈利模式是很不清晰的。刘瑾以美国为例,Go 购全球美国差不多覆盖有二十多个城市,每个城市大概有 600 个商家,包括奥特莱斯还有其他主要商场在内。中国游客在美国的消费能力虽然很强,人均消费水平也是十分可观,但是中国游客群体的数量相对还是偏小的。在2013年的时候，中国到美国的旅游人次是接近200万人次一年，这200万人次并不都是目标客户群体，需要除去一些老人和小孩这些没有消费购物意愿或者没有消费能力的群体，同时考虑到APP的使用前提是拥有智能手机的游客，刘瑾估摸着目标客户群体有100万就已经很乐观。这100万需要服务的人群，不会集中在洛杉矶、纽约这样的城市里，可能会分散到整个美国，有那么多商家，到达每个商家的比率很小，这造成了与Go购全球合作并投放广告并不能让商家看到立竿见影的效果，这和在国内通过大众点评去消费还是不一样的。本地消费有频次的保证，而赴美旅游很多人可能几年甚至一辈子就只去一次，这个消费频次是比较低的。而对于美国来说，它本身的商业系统很发达，中国游客的消费能力固然很强，但对比美国本土的消费来说其实并不算什么，所以，美国商家并没有很强的意愿再为吸引中国游客进行额外的买单，或者是付出比较大的代价去做这个事情。所以，想法固然很好，但是实际上初期盈利模式是有问题的！

看到了弊端就得立马解决，前面是死路就立马掉转方向调整路线，个性雷厉风行的刘瑾果断地决定重新切回到原来的业务。之前拆分出项目组来做Go购全球导购的时候，另外的代购业务并没有停止，一直在进行中，但是已经划分到不同的项目组。自从发现了单纯整合游客购物信息这个方向的盈利模式不清晰之后，原有团队决定重新拾起原有的业务，重新切回到跨境电商这个轨道，并改名Globuy佰购。幸运的是正好又赶上国家大力支持跨境电商，利好政策频出。受益于我国电子商务爆发式增长，近年来跨境电商领域频获政策红利。2013年9月，商务部、海关总署等八部委发布的《关于实施支持跨境电子商务零售出口有关政策的意见》，为发展跨境电商指明了方向，推动了外贸转型升级；同年12月，财政部、国家税务总局发布《关于跨境电子商务零售出口税收政策的通知》，明确了从事跨境电商零售企业退免税的条件，从而大大降低了企业成本。2014年2月，为促进跨境贸易电子商务零售进出口业务发展，方便企业通关，规范海关管理，实现贸易统计，海关总署从2月10日起增列"跨境电子商务"海关监管方式代码"9610"，新海关监管方式为电商企业提高通关效率、降低通关成本创造了有利条件。2015年，国务院总理李克强在国务院常务会议上部署促进跨境电子商务健康快速发展，推动开放型经济发展升级。指出用"互联网+外贸"实现优进优出、扩大消费、推动开放型经济发展升级、打造新的经济增长点。刘瑾作为较早就活跃在跨境电商领域里的"老人"，认为跨境电商正处在政策红利释放期。中央政府高度重视跨境电商，将跨境电商视为带动产业升级、打造新增长点的重要抓手。各项支持政策密集出台，有利于营造支持跨境电商发展的良好环境。

过去，跨境电商行业曾被一般贸易行业说成是一个基于偷税漏税的灰色产业，而作为从业者队伍中的一员，刘瑾也不得不时常提心吊胆地应对随时可能出现的各种问题，无法放开手脚去做。而跨境电商一系列政策和税制改革将引导行业"由乱而治"，进入规范化、机制化、规模化的高速发展轨道，这是行业步入成熟期的标志。产业资本可以放心、大胆、大规模地进入，对跨境电商的健康长期发展绝对利好，这也让刘瑾有了开足马力继续前行的动力和信心。

从贸易的角度来说，刘瑾认为跨境贸易能够吸引一些美国企业参与，关键在于选择品牌。刘瑾说："国外的品牌方是在逐步接受中国市场的,特别是跨境电商的这种模式,一开始他们会觉得这是对正常的市场秩序的一种扰乱。如何理解这种扰乱呢?比如说:原来某个品牌是通过其在中国的总代理进入中国市场的,这是一般贸易进口模式。但是跨境电商的模式最早是从这种海淘演变来的。海淘的模式中,货物是由美国本土品牌方供应给美国商家在美国本土市场销售的,中国消费者到美国商家这里来买这个东西再邮回中国,由此,中国消费者多了一个购买渠道,不再是只能从品牌方授权的中国总代理及其代理那里去购买了,可以直接到美国购买,价格会更低,可选择的商品也会更多,这是海淘的一个好处,但是它对原来的一般贸易进口模式的价格体系是一种扰乱。最近这几年,特别是中国出台了跨境电商的扶持政策之后,跨境电商飞速发展,品牌方的态度也有所改变,包括美国本土的一些零售商,像梅西百货也专门开通了给中国海淘客户的购物频道。美国最大的仓储式超市 Costco 登陆天猫国际开旗舰店。可见,部分品牌方和零售商的思路在慢慢转变。"

在 Globuy 佰购团队中,美国团队主要负责从厂家及品牌进行采购,然后集中发货到香港公司。在香港,佰购设有自己的仓库,货物在这里根据订单分拣打包之后从香港直邮到国内客户手中。而深圳公司则主要从事市场开发、售前售后服务。目前,跨境电商仓储有两种模式,一种是保税仓,一种是海外仓。佰购将仓库设在香港,主要是考虑包裹从美国本土直邮回国周期太长,物流成本、人力成本都不理想,在香港就比较方便,从下单到送达基本五个工作日就足够了。加上香港和深圳的交通便利性,仓储管理起来也更加方便。而美国仓,则主要用于进行大货中转。目前佰购的主要业务分为三块:为大型平台和贸易商供货;为中小平台提供一件代发；在香港市场批发和零售。得益于跨境电商的风口期，佰购的业务增长迅速，刘瑾预计2016年全年三块业务的总销售额将突破1亿人民币。这次创业方向的调整，让刘瑾感觉到如鱼得水。多年的美国商家资源的积淀，使得刘瑾对佰购的发展信心十足："随着香港自有代发仓库的逐步完善，我们能为客户提供越来越多的增值服务。我们的优势在于我们是站在整个跨境供应链的最上游。不比很多贸易公司仅仅是倒手买卖，佰购真正拥有境外厂家一手货源。我们的战略定位是'专注于美国的供应链最上游（除了厂家之外）'，做好B2B，短期内不会考虑开始B2C业务。我们的优势在上游，要深挖这个优势，立足一个国家，横向扩展各个品类的品牌，纵向为客户提供深度的增值服务和多样的业务模式，如代发、海外仓储等。"

多重身份间的自由切换

佰购现在能供应的产品以美国的母婴、家居用品和化妆品为主。之所以一开始会选择母婴这个类目，是因为一开始去美国的时候，孩子在国内还很小。身为女性的刘瑾天性里的母爱也在当时表现得尤为明显，她经常会奔走于各大卖场之间，给宝宝买婴幼儿产品、奶粉等，不厌其烦地寻找最适合孩子的产品，寄回国内。作为创业女性，刘瑾和所有女性创业者一样，都面临着如何平衡好事业和家庭的问题。她每年有一半的时间在美国，即使在国内也需要经常出差，基本上每两天就要跑一趟香港照料香港仓库的业务。她的先生和孩子生活在深圳，孩子在深圳上小学。由于美国和中国的时差关系，日夜颠倒，不管人在美国还是中国，她每天的睡眠时间不超过6个小时，常常是凌晨两三点还在忙碌。好在先生很体谅，孩子的学业、生活都是父亲在照料，而家里老人也给了很大的支持。但是作为一位母亲，她觉得自己没能很好地陪伴和照顾孩子，遗憾和内疚的情绪时常会困扰她。为了弥补，每年暑假刘瑾都会把孩子带到美国，这样一方面能陪伴孩子一方面也能照顾美国的业务。"虽然这样非常辛苦，我的睡眠时间更短了，因为只有哄他睡着了，我才开始做自己的工作，但是我觉得这是值得的，平衡好家庭和事业，说起来容易做起来太难。但是我希望能尽量参与孩子的成长。"

一开始，先生并不看好代购。随着这两年业务模式调整之后渐入佳境，业绩快速增长，加上国家新政策的支持，现在先生对刘瑾的事业非常支持。有了丈夫在背后支持，刘瑾事业上的动力更足，信念更加坚定。"非常感谢我老公，在很多次我很迷茫的关键时刻，都是他给了我勇气和信心，让我能屡败屡战，终于在跨境电商的风口，找到适合自己的位置。"

 多元文化冲突与交融

因为在美国、香港和内地都有员工，刘瑾的团队不可避免地会遇到文化、商业思维的差异带来的冲突。在与美国厂家合作的过程中也会遇到一些困难，比如商业文化、思维方式、交流沟通等。刘瑾在这里分享了一个小故事，可以让我们更加深切体会海外华人创业者的不易。美国商场经常会有买够50美金或30美金赠送一套礼品的活动，像大家都熟悉的兰蔻化妆品就经常会搞这样的活动。最早做代购的时候，刘瑾曾试过反复和店员商量，不是50

美金一套礼品吗？那我一次性买5000美金，你就要送一百套礼品，是不是？店方的回答斩钉截铁："NO！你买5000美金我也只能给你一套礼品，最多再给你一套。"为什么？刘瑾觉得很难理解，这样对一次性大量购买的客户不是不公平吗？但店方是这样解释的："你这样子才是不公平。礼品的数量是有限的，我们希望能有更多的客户享受到这个活动带来的好处。你只是一个客户，虽然从金额上说你买了很多，但是如果你把所有的礼品都拿走了，那后面就会有99个客户没有礼品。她们尽管买的比你少，但是她们一样有享受这个活动的权利。"瞧，这就是美国人的思维方式。所以，经过了几年的摸索，再去和美国零售商或厂家沟通，刘瑾就懂得哪些东西是他们的底线，哪些东西是可以谈的，哪些东西是不能谈的。美国大多数品牌和商家不会为了短期利益放弃长期利益，这是他们和很多中国商家的区别。

佰购团队的员工中，女性员工占了90％以上，只有美国的运营总监、香港的仓库管理和深圳的系统管理是男性。"Jocy和我配合6年，一直很默契。他年纪比较大，阅历比较丰富，自己创业过，所以在对接美国品牌和商家的时候对我很有帮助。而且由于他的妻子是中国人，因此他也相比很多美国人更能理解我的思维方式。大部分时候，我们沟通起来都很顺畅。但是仍然会有问题，"她说，"Joey很注重合法性，很保守，根据州法律，我们必须为员工上工伤险。曾经有位员工，我们已经和他谈好入职时间，因为我们当时急缺人手，我就先让他赶紧到位，但是当时他的工伤险还没有生效，就差那么两天，Joey坚决不同意让那位同事提前入职。"这件事让她深刻感受到，美国社会作为法制健全的社会，法律意识真的是深入到每个美国公民的心中，但是在中国，人们习惯于打擦边球，这种事不会被当成大事的。

刘瑾感慨地说:"可能你去美国旅游,对于文化差异不会有太深的感受,但是当你真正在这里经商,去开拓你的事业的时候,当你需要和各行各业的人打交道的时候,你会发现思维方式的差异、文化的差异真的很难逾越。所以我喜欢在业务拓展的职位上雇佣当地人,这样沟通运作起来能更加高效一些。他们之间可能用一个很小的笑话,或者是一句俏皮话,就能把彼此关系拉得很近,但他们那个俏皮话你可能完全听不懂。你能听懂每个单词,但你不知道笑点在哪里,这就是文化差异,并不是靠语言娴熟就能解决的。现在我们在美国有5个雇员,主要负责开发商家合作资源和货物采购、发货等。因为我们的业务模式已经比较成熟了,所以运行起来挺高效的。"

虽然文化差异一直存在,但是刘瑾和她的团队也一直在努力地去适应和调整、磨合。对刘瑾来说,她个人、团队乃至佰购也正是因为有了这些文化上的差异和摩擦,才能不断进步,不断提高,一步一步走向完善。

寄语广大女性创业者

关于女性创业这个话题,刘瑾也吐露了自己的心声。在刘瑾看来,女性创业者面临的第一个挑战就是压力,女性会更情绪化一点,抗压能力也会弱一点。比如她一个人在美国开发业务的时候,经常会觉得无助,碰到身体不舒服的时候,负面情绪会容易被放大。"有一天半夜,我患上急性肠胃炎,肚子疼得快死掉,孤身一人,连打电话找Joey来救我都没有力气。当时我就在想,如果我就这样挂了也没办法。"回想起当时的境遇,刘瑾感慨良多,再加上有孩子和家庭需要照顾,有时她会更有力不从心的感觉。在她看来,既要尽到作为母亲应尽的责任,事业上又要冲刺,没有别的方法,只能在某个时间段选择牺牲其中的一个,然后再平衡回来。既然选择了创业这条路,就不能过于在意家庭的牺牲,计较得失。"如果你认为家庭孩子是你的人生重心,那么其实你不太适合创业,否则你两边都做不好,会更痛苦。不少人为了能照顾孩子、自由支配时间而创业,这是没有意识到创业的艰难。当你为了事业冲刺的时候,你7×24小时都在待命,你的员工你的客户你的合作伙伴,随时都可能找你。什么问题都会找你,你看似比打工的时候自由其实更不自由。女人创业,三思后行。如果放不下的东西太多,那就上班好了。家庭和事业的平衡,至少在你创业的初期是办不到的,你会一直处在'失衡—弥补—失衡—弥补'的状态。"

无论是Go购全球还是佰购,刘瑾给中国剁手党们带来了美国物美价廉的产品,让无数购物狂们得到淘货的无穷乐趣。期待佰购能做到类似农夫山泉的广告词那样:"我们不产货,我们是全球好货的搬运工!"

指南猫炼成记
——记指南猫 CEO 任静

说起猫咪,这可真是个令人兴奋的家伙。不管是温柔美丽的 Hello Kitty,智能百变的蓝胖子哆啦 A 梦,慵懒搞怪的加菲猫,善良可爱的龙猫,机智果敢的黑猫警长,还是代表幸运和快乐的招财猫,这些卡通猫的形象都深入人心,惹人喜爱。猫是人们生活中最常见的宠物之一,毛茸茸的身体、善于卖萌的肢体与表情、清澈而又无辜的眼神都令人垂爱,猫与人的关系之密切让其成为了人类的绝佳伴友之一。那你有没有试想过:在旅行的路上,有一只猫咪常伴,为你打造并陪你享受专属定制旅游?

一只喵星人的诞生

有一个年轻的猫团队就设计了这样一只指南猫,详情如下:

昵称:指南猫

性别:不详

出生日期:2013 年 5 月 8 日

出生地:中国·上海

年龄：3岁

功能：旅行设计、旅行咨询、寻找旅伴

特长：私人定制、多管闲事

爱好：牵线搭桥、出门旅行

创造者：一个85后猫团体

口头禅：用自己的方式去旅行

哈哈哈！还是不明白这都是些什么？没关系，我们慢慢走近去了解。

上海指南猫网络科技有限公司（简称指南猫），国内第一家专业提供在线旅行计划的咨询平台，将旅行计划和旅行社交真正结合在一起，致力于为用户提供专属的旅行计划。

要说起指南猫的诞生来由，还是他们的这番原创最能解释它与旅行之间的渊源。

有一只可以帮助人们实现旅行梦想的猫咪，叫指南猫。

他有和多啦A梦一样的百宝袋，在你需要的时候，变出各种各样的旅行工具。

有时候，他也和加菲猫一样懒，直接把你带到一个海岛，然后躺在你旁边的沙滩椅上睡懒觉。

其实，深藏在它内心深处的是和龙猫一样的美丽乡愁。当大自然让步于经济的高速发展，它多希望人们与自然和谐共处，而帮助人们旅行，就是为了找回那些消失的美好。

无论是我们的亲身感受，

还是媒体关于中国游客在海外被区别对待的报道，

都无一不在说明,
中国旅游团不被认可的劣根性。
这些不良的习惯,
应该被新时代拒绝继承。
我们也欣喜地看到,
有这么一个群体正在成长,
他们热爱生活、热爱旅行,他们选择了自助游,
他们正在潜移默化地影响着中国式旅游,
他们需要一个让自助旅行更简单的平台,
指南猫因此应运而生。

朝着这份美好,也为了让用户的自助旅行更简单,指南猫经过不断摸索,目前主要具备三项技能,开发了三款旅行产品——指南猫旅行、最美路线和最佳旅伴。结果是美好的,但是过程可并非如想象得那么简单。

起初的时候,指南猫希望像蓝胖子一样发挥特异功能,解决旅行前行程规划的麻烦,于是1.0版本诞生。却不料,不够智能的1.0只是一个代替 Word、Excel 的行程规划工具,用户还是需要自己动手,规划的麻烦一点没少。于是想省事的用户开始提要求,希望指南猫可以再智能点。指南猫接招,但应对方式就是请人教用户或者陪着用户一起做规划。这可满足不了用户的需求,他们就干脆提出愿意付钱全权交给指南猫去做,自己只要坐等最后拿到一份符合自己出行要求的规划结果就行。这可谓是指南猫的重要转折,他们就按照这个模式往下走,延展到今天,成就了指南猫旗下的主打业务——指南猫旅行,而指南猫果真成了智能的"旅行哆啦

A梦"。用户可以通过这一平台由第三方的旅游达人帮客户进行旅游定制并提供旅行过程中的咨询服务。

最美路线主打PGC(Professionally-Generated Content)原创精品路线，致力于发掘全球与众不同的旅行方式。最美路线中的内容都是由旅行经验丰富的旅行达人设计的，他们可以利用自己设计的线路参加评选获得奖励。不同于一般的游记和散乱的旅行信息，这里要求所设计的线路必须是客观中立，符合旅行者的需求而且可以直接使用的。这些路线放在指南猫网页里，为用户提供参考。

最佳旅伴是指南猫应用的又一创新。指南猫发现很多人出行是需要旅伴的，但是由于客观条件的限制又找不到志同道合的人一起，由此他们推出了这款结伴社交应用，专注于服务高品质旅游人群。最美旅伴通过算法智能匹配用户的旅行价值观，进而发起结伴，帮助用户找到旅行价值观相近的同伴，并激励用户将旅行付诸行动。

 指南猫的拿手绝活

前面已经说到，指南猫的"特长"是私人定制。指南猫的"口头禅"也正是它所倡导的理念"用自己的方式去旅行"。定制的思想最早由美国著名未来学家Alvin Toffler于1970年提出，他在 *Shock Future*(《未来的冲击》)一书中提出了一种全新的生产方式的设想：以类似于标准化和大规模生产的成本和时间，提供满足客户特定需求的产品和服务。旅游定制的提出开始于约20世纪80年代，Mill和Morrison在 *Tourism Planning：Basis Concept Cases*(《旅游规划：基本原理及案例》）中提出，让旅客参与到产品设计的过程当中（即实现定制），才能够实现旅游消费总效用最大的目标。下面，请各位集中注意力并急速运转起大脑，因为我们要用一些偏学术与专业的内容来介绍一下指南猫的这一拿手绝活，看看这只喵星人如何玩转"定制旅游+共享经济"。

虽然"定制旅游+共享经济"这种模式如今已屡见不鲜，至少在旅行行业内是经常有的，但当初指南猫在开始运作的时候它并没有这么常见，而且需要指南猫本身多方面的预见、把控与调制，并且伴随着"定制"市场的熏陶不断成长。

定制旅游的出现是有一定原因的。传统旅游方式有一个极大的痛点就是体验性差。要么自助旅行需要花费大量的时间、经历去做攻略，但仍避免不了旅行过程中的各种不幸，要么跟团旅行要以牺牲个性为代价，完全不能对游客的兴趣和需求进行细分，强制性的服务项目和购物更是让游客们叫苦不迭。这种情形之下，定制旅游应运而生。

学界将定制旅游的出现归功于互联网技术的普及，认为其实质不仅是O2O模式的一种体现，更是现今火热的C2B模式的一种尝试，即先有客户需求，再有企业生产，企业要根据顾客所提出的要求调整和匹配资源，生产符合客户需求的产品。

定制旅游之所以越来越受到大家的欢迎，一方面是因为大家对于个性化的追求越来越普遍，另一方面是因为定制旅游更加关注时间成本和体验成本，使旅游真正成为一种享受生活的体验而非走马观花。抓住了这种机遇，指南猫就不遗余力地让客户"用自己的方式去旅行"，做到"用设计师的蓄谋已久，换来客户的说走就走"。他们为用户提供有"温度"的旅行路线，自然而然也就积累到越来越多的客户资源。

其实在国外,定制旅游已经是一件很普遍的事情了。在英国,定制旅游是一种重要的出游方式,甚至游客会将此作为礼物馈赠给亲朋好友。但是在中国,尽管定制旅游的发展越来越好,但很多人仍觉得它是小众市场而扩散不开,究其原因,是大家都把它当作高端旅游,只服务于高端人群,价格就是其最主要的限制因素。

但实际上,高端并不等同于高消费。定制旅游注重的是体验的层次与效果而非价格,定制旅游的核心就是满足个性心理、讲究量身定制、应对差异化竞争。针对价格问题,指南猫是这样回答的:"指南猫的目标用户主要特征为25～45岁的城市白领,他们在购买行为上喜欢自由、追求品质、注重细节、偏好时尚、倡导健康。但指南猫的用户并不一定只追求高端奢侈,如果选择穷游或者背包客的旅行方式,指南猫同等提供路线设计服务。从旅行方式上来说,指南猫是一视同仁的,因为指南猫倡导的就是用自己的方式去旅行。不管是穷游还是奢华游,指南猫允分尊重用户的选择并积极提供支持。"口说无凭,为了证实自己的说法并加强用户对自己的信任,指南猫在APP平台上,做了关于费用计算问题的清晰说明,他们承诺:如果超过市场基准价,就做出差价3倍赔偿,很大程度上消解了用户的疑虑。

之所以说共享经济也体现其中,是因为指南猫只是一个平台,为用户提供线路规划的并非专职设计师,而是在全国各地有着丰富旅行、游学、工作等经历的达人,对目的地的情况了如指掌,达人们凭借自己这一"闲置"的优势赚取收益。

不管是强调闲置资源利用的共享经济还是追求个性化的定制旅游,指南猫必须要面对和解决的一个问题就是信任。只有用户充分地信任他们,才会愿意把自己的旅行规划任务交给指南猫。为此,指南猫一再强调用心和专业,他们对旅游设计师的筛选有3个极其严格的标准:是否有10次长线自助游的旅行经验;是否在当地生活达30天以上或者旅行达10天以上;并且去体验当地生活。除此之外,他们还要求设计师有清晰的思维和语言表达能力,以便和客户交流,新设计师的前三次路线制定必须在老设计师的带领和督促之下完成。如今,指南猫已经在全球105个国家的核心旅游城市储备了近6000名旅行设计师,其用心与专业想必也是毋庸置疑了吧。

 充满活力的猫团体

好啦,放松一下大脑,提提精神,下面我们要开始讲故事了。了解了爱管旅游闲事的喵星人,你是否也很想知道背后支撑它的是一个什么样的猫团体呢?于是我们带着满满的好奇走进了他们的工作地点,结果是——惊呆了!喵星人身上活泼、机智、敏锐、勇敢甚至卖萌的各种特点在这猫团体中体现得淋漓尽致。

在我们的想象中,企业里应该是西装革履、严肃紧张、不苟言笑那个样子的,可我们看到的指南猫却是休闲多彩、自由快乐、笑声不断的。每个跟我们访谈的人都乐于在恰当的节点开开玩笑,整个访谈毫无尴尬可言。直到我们发现,原来这个创业团队里,包括创始人,几乎全是85后,难怪一个个自由不羁,不恪守死板,既使工作氛围欢乐,也能做出成果,自由但绝不散漫。他们说他们是同事,也是朋友,但更像家人。不相信?那我们来讲几个故事听听。

所有人都首先向我们强调指南猫开放的氛围，这在他们看来非常重要。指南猫鼓励员工们去旅游，所以如果员工有旅行计划，老板是允许也会批准他们请假的。在指南猫，这里没有固定的上下班时间，比如负责技术的员工如果觉得晚上更有效率，他们就可以晚点来上班晚点回家。但这并不意味着大家会偷懒，每个人都会保质保量地完成任务，只是他们懂得更好地支配自己的时间和精力，在合适的时间做合适的事情。

对于企业，尤其是旅游企业来说，员工流失率可是一件让众老板头疼的事情，可指南猫的员工们却都是"赖着不走"的。在被问及为什么会选择留在指南猫工作或者指南猫跟自己之前工作的公司有什么区别时，大家无一例外说到的都是这里更像一个大家庭。张昆是第一批加入指南猫的员工之一，他跟我们这样讲："我就是感觉指南猫很好，如果它不好我肯定也待不了这么久。我觉得它是一个好的企业，我就坚定地在这里待下去。比如从人员间的关系来讲，我在第一个公司时，同事之间只是工作上的联系，但是在指南猫，大家除了工作外也是朋友，现在更像家人。"说话都透着这么一种带着童真的直爽，也难怪这个团体如此充满欢乐了。

猫团体的成员们经常在一起玩，一起聚餐、旅游、打球等，这都是常有的事。公司有一半左右的人都住在公司附近3公里以内的地方，所以大家没事的时候就会去某个人家里蹭饭。据说就在我们采访的时候老板正在某个员工家里"蹭吃蹭喝"呢！有的时候一个人想去游泳、看电影、吃饭什么的就会叫一下大家，大家有兴趣的就一起走了，这种活动的频率基本上每周一两次。

这种宽松的氛围可不是任意发展的，猫老板会用自己的方式控制好员工绩效。在精神方面，她让大家觉得自己跟整个团队是有共性的,在朝着同一个目标迈进。这样员工就会对团队有更强的凝聚力,即使遇到问题也不会放弃,因为有跟她精神共鸣的团队陪她一起前进。猫老板要求指南猫在进行招聘的时候,每一个进来的人都要先跟她一起聊天,只有她觉得这个人跟自己是同一类人后才可以留下来。在物质方面,首先,指南猫给予了员工别的公司没有的宽松氛围,这样他们就更珍惜这样的工作机会。另外,据指南猫的工作人员介绍,他们的员工"福利大礼包"简直诱人得让人无法拒绝:每年一到两次的出国游、5000 块钱的旅行资金、5 天的旅行假期,想想都会流口水。

  忠诚的"猫铁粉"

说完了员工来话用户,用户忠诚可是一个企业制胜的关键。在学术界,客户忠诚的研究是随着服务经济的崛起而逐渐兴起的,其研究发端于对客户行为的测评研究,认为高频度的购买即是客户忠诚(Jacoby & Chestnut,1978)。Germlerand 和 Brown 在其研究《基于全球化视角客户忠诚在提高服务质量中的性质、重要性与启示》(*Service loyalty*:*its nature*,*importance*,*and implication*,*in advancing sevice quality*:*a global perspective*)中给服务业客户忠诚所下的定义是:"客户对特定的服务重复购买行为的程度和对其所怀有的积极的态度倾向,以及在对该项服务的需求增加时,继续将该服务商作为唯一选择的倾向。"

指南猫就有这么一群"猫铁粉",这群人从一开始就认准指南猫,陪伴指南猫成长。起初的时候指南猫做得很不成熟,类似于前面 1.0 版本的麻烦和问题频出,但是这些人不是放弃指南猫转而使用其他的旅行工具，而是一直耐心地为指南猫提供各种修改建议，直到它成为广受大众欢迎的产品。指南猫针对的客户群为偏年轻的城市白领，这样一群人追求个性化、注重品质和细节、生活旅行偏时尚、喜欢新鲜而非一成不变的东西。指南猫就抓住了他们的这种心理，提供个性化的产品并注重服务的品质，以此赢得了很多旅游爱好者的"真心"。同时，也是因为这群"猫铁粉"不遗余力的支持与宣传，指南猫的微信粉丝在一年多的时间里从0增加到近3万，APP用户在2015年9月份的时候也已经累计达到了60多万。前段时间指南猫说要养猫，就有客户给他们寄各种养猫攻略，可把他们感动坏了。

　　这是一种很有意思的客户黏性，毫无疑问，当一个企业有了很强的客户黏性，这个企业就能够迅速发展。因为一方面他们有了稳定的客户资源，甚至可能因此获得更多的客户资源，另一方面企业和老客户的沟通更加顺畅，老客户也能督促他们成长。但是不同于 些企业的俘虏式营销，好的客户黏性应该是建立于企业对客户关系的维护以及对产品的不断更新升级当中，以良好的企业文化和新鲜的事物吸引客户。

　　而且，指南猫并没有很刻意地去培养用户，只是在用心地做他们应该做的事情。他们认为或许客户对他们的喜欢最开始是来源于他们的理念，他们希望解决大家棘手的问题，改变传统旅行方式中不好的一面，而在这个过程中，用户可以感受到他们的确是很用心地在做这件事。当然，他们做的内容很不错，强调原创而赢得了客户信任，而且会不断地更新升级，使其不至于显得单调乏味。他们还总是想客户所想，为客户做了很多让他们深受感动的事情。

　　有这样一个小故事。有一次，一个私企老板想来一次周边游，就交给指南猫为他设计路线。他是指南猫前期用户里面使用频次最高的客户,在半年的时间内,用指南猫的服务玩了四次。在旅行住宿的时候,酒店把他的钱算错了需要他补钱,他当时很生气就不愿意补钱给酒店。指南猫这时竟然给他垫了钱。指南猫希望能够首先保证顾客玩得开心,回来之后再解决这件事。其实当时对这个钱事后是否能收回来指南猫并没有把握。指南猫此举感动了顾客,让顾客感受到了他们的真诚,这位顾客不仅把钱还给了指南猫,还介绍了很多朋友给他们。指南猫只遵循一个理念,就是一定要让客户觉得在旅行过程中是真真正正玩得开心,而不要因为一些小事影响他们的心情,指南猫能做的绝不让用户去做。

 猫女王的修炼

不会折腾的学生不是好创业者

就在我们聊得津津有味之时,"重头戏"来了——我们见到了指南猫的 CEO 任静。真不愧是猫团体中的猫女王!女王集众明星喵的特点于一身,运筹帷幄公司和猫团体的发展,有这么一位女王领导,也就不难理解指南猫及其猫团体为什么会是现在这个样子了。毫不夸张地说,我们也真是顷刻"路转粉",要成为猫女王的铁粉一枚。

先说说第一眼的感觉,高颜值是绝对的。这不光是我说的,也是访谈到的所有人不约而同的观点。第一眼的任静是 Hello Kitty,美丽温柔而且年轻,很难将这个娇小的身材和她的经历及背后支撑起的一切甚至已经取得的那些成就联想在一起。听她的讲述,才发现她绝不仅仅是一只乖乖的Kitty，而是从小就有着哆啦A梦一样百变的梦想和性格；为人处世中，尤其是在与员工的日常交流中透露着龙猫一样的善良和温情；偶尔也会像加菲猫一样慵懒搞怪；但重要的是一直都具备黑猫警长一样的机智、果敢和敏锐，支持她一路向前。任静有一个特点，就是她从小到大都在做着大众看来不属于她那个年龄段做的事情。言归正传，从三岁讲起，我们来看一看猫女王的修炼历程。

称小时候的猫女王为"小神童"，绝不是空穴来风，这是当时当地人的共识。三岁的时候，任静不但已经认识了很多字，而且可以背诵唐诗三百首。当别的小孩子刚开始学"1、2、3、4"的时候，受父亲的影响，任静早已看起了杂志，《万花筒》《小朋友》《大灰狼画报》《儿童画报》，大一些的时候看《少年文艺》《萌芽》和报纸，每月家里都会订二十余种报刊杂志，即使不一定能看懂，但她会去看，爸爸也会去教。父母果真是孩子最好的启蒙老师。

五岁的时候，任静以插班生的身份读小学一年级，比同龄的孩子上学都要早。尽管在同学们当中她是年龄最小的那个，她却一直有着"姐姐范儿"，教小朋友们写作业，带他们一起去春游，玩过家家的时候她也承担着分配角色和描述剧情的双重"重担"，天生有着做领导的潜力，透着猫女王的风范。因为成绩好，任静一直妥妥地做着"别人家的孩子"，所以家长们都同意也很希望自己的孩子跟她一起玩。小小年龄的任静很会照顾人，她有一个弟弟和一个表妹，都是任静的妈妈带大的，从小任静就会帮妈妈照顾他们，背上背着妹妹，手里牵着弟弟。不管是家里人还是同学的家长们，都对她很放心。

那会儿任静家是开电影院的，电影也是一种很别致的艺术，家里放的每部电影女王都必须看,从小没有少受这种艺术的熏陶。小小的她还借助这一契机早早地开始做起了生意,在电影院旁开起了"小卖铺",那时她才九岁。任静跟父亲借了200块钱,到附近的批发商那里批发小零食,都是那会儿大家爱吃的小东西,瓜子、花生、戒指糖、健力宝,典型的"80后零食",然后在电影院旁边加一点价卖出去,销量还不错,而且从进货到销售,所有过程都是她自己一个人完成的,整个一"小人精"。

猫咪除了可爱,还是很坚韧的一种动物。任静骨子里就透着这么一种独立和不服输的韧劲儿,却不料这都是从小被家人"吓出来"的。在她小学六年级的时候,即将毕业上初中,家里人却吓唬她说,女孩子没有必要读那么多书,既然你这么会做生意,那就直接去做生意好了,不要再读书了。年幼的孩子思想总是那么单纯,任静信以为真,这可吓坏了她。她心想,自己还那么小,就算会做生意也不能就这么不读书了啊,况且自己成绩这么好,她得想个办法与父母"抗争到底"。

当时临近市里有一所私立学校,在附近一带很有名。那是隶属于国营航天集团的学校,招收内部职工的孩子,仅有一部分对外名额,必须通过严格的考试选拔才能进去。任静就自己偷偷地报名去参加考试,而且就这么考上了。拿到录取结果之后,任静去找爸爸,说:"我好不容易才考上了,总不能不让我去上学吧。"父亲当初其实是跟她开玩笑的,没想到女儿不但当真了,还这么认真地对待解决这件事情。就这样,任静去了那所私立学校读初中,那时她11岁。

学校距离家有30多公里的路程,在那个交通还比较落后的年代,这是一段挺远的路程,任静是在没有父母的陪同下自己一个人去的。那个时候的住校也不是真正意义的住校，因为学校是没有宿舍提供给学生住，他们必须自己在临近的地方找当地居民租房子住。别的学生基本上都是父母给安排好的，只有任静是自己一个人在找房子。她说从那时起她就开始了自己独立的生活，一直到现在她再也没有在家里住过。

猫女王很有女王范儿是不是？别着急，这还不算什么呢，往后看！到了高中，猫女王一改往日风格变人生直线为曲线行驶了。此刻的任静不如当初那般映照在各种得意扬扬的光环之下，也不再是家长口中"别人家的孩子"了。从初三开始，受到一些社会人士的影响，任静的成绩就开始下滑，最后只考上了二流的高中，但15岁的她竟然开始创业了。

高二的时候，她跟自己认识的一些已经上大二的学生商量着一起做生意，后来她出资5000块跟他们合开了一家自行车租赁行，拥有200辆自行车。这是她的第一次创业，5000块也基本上都是靠任静自己从生活费和各种兼职报酬中攒出来的。这家车行大概维持了8个月，在第六七个月的时候，他们的车子已经很破了，当时就面临着两个选择：要么换一批新自行车，因为当时他们已经有盈利了，要么就把车行关掉。经过一番权衡，她的合伙人已经要上大四开始实习了，而她也升到了高三，因为长时间的逃课，成绩大幅下滑，被班主任从重点班分了出去，任静也意识到了问题的严重性，他们决定把车行关掉。关掉后他们按出资比例分红，除去投资的5000块，当时分到任静手上的收益有3000块。

可想而知，任静并没有能够顺利考取大学，她的总分只有324分，当时连专科都没有考上。猫女王遇到了她人生的第一个低谷，与此同时，她生了一场很严重的病，给她带来了双重打击，她觉得整个世界都要崩溃了。但是一直以来,即便任静的学习和生活出现了一些波折甚至走了一些弯路,父母却都没有对她进行责备,他们只在旁边提醒任静,希望她能好好学习,却从来不干预她的事情,而是让她自己去做决定,并为自己的决定和行为负责。痛哭一场之后,任静下定决心复读,一定要考上大学。可是偏偏自己当时身体又不好,那一年她就放下一切,一边学习一边调理自己的身体。模拟考试时她的成绩还是很差,一直觉得自己也就能上二本,结果高考反而超常发挥考上了重点,进入了江苏大学。女王的人生总是这么充满戏剧性的,不是吗?

在大学这个更加开放、自由的氛围之中,猫女王终于又恢复了"本性",更加"折腾"了。到了江苏之后,任静发现一个很奇怪的现象。她是贵州人,觉得江苏比贵州发达很多,所以一些东西应该很便宜,但是一模一样的衣服江苏的反而比贵州贵很多。于是,任静就抓住这个点,在老家批发衣服拿到学校在宿舍里卖,还弄了一些小传单在学校里发。大家觉得她的衣服不但比外面的好看而且比外面便宜,所以就都愿意来买。

做着做着女王就开始追赶潮流,寻思着和自己学电商的同学一起做网站来卖衣服。她会进很便宜的衣服,印一些小广告在学校发,还会举办一些小活动。一次偶然的机会任静还去南京谈了一个在外面买不到的私人设计师的品牌,这又为他们的网站积累了不少的人气。2004年的中国,电商可不是今天这么风靡,淘宝刚刚成立一年,互联网对大家来说是一个很新鲜的东西,他们的网站慢慢在学校里有了名气,而且有人希望可以加盟进来。于是他们就把周围其他学校的加盟团队发展了起来,当时做了一个江苏地区的校园电子商务网站。

在服装网站做得如火如荼的时候，2005年，任静又和南京财经大学的朋友共同做了另外一个教育培训的项目。这个项目主要做一些英语、公务员、国画、书法等的培训，占用了她大部分的时间和精力。这个过程中她就没再怎么去管服装的那个项目，而由另外一个合伙人主要负责。

鱼和熊掌向来是不可兼得的，就算猫女王也一样。一边是风生水起的生意，另一边作为学生，任静的学习生活就没有那么顺利了。此时到了大三，再一次因为逃课，任静受到了辅导员的警告，说如果再这样下去就会被开除。于是，任静又一次开启学霸模式，在大四的时候用了一个学期的时间把所有的学分追了回来。

没有起伏的职场经历不会有成就

是不是光读起来就会跟着一波三折地旋转跳跃？这才讲了一半，学业结束了，事业才刚刚开始，猫女王崭露头角的时候还未到呢。

任静着手参加校园招聘，应聘一家校友在上海的公司，可第一轮面试就被刷了下来。但是，任静没有就此放弃，她在复试的时候跑到现场跟面试官磨，面试官问及她的情况，得知她在校的成绩表现很差，不愿意要她。戏剧性地是，这时旁边又走过来一个人，这个人也跟她聊了起来，而且聊了很长时间，后来才发现他居然是大老板，而且同意给任静一个机会参加复试。当时复试也很苛刻，要想办法说出别人的不好和自己的好以把别人挤掉。但是当时根本没有人理任静，大家不说她好也不说她不好，她只能默默地坐在一边。一会儿她身边坐了一个人，那人过来就开始夸她，说她的各种好，任静感觉很奇怪，因为大家都并不关注她。后来她才知道那个人是他们合伙人之一的朋友，硕士在读，是来体验面试感觉的，任静也这么糊里糊涂被录用了，正式开始她的职业生涯。

去了上海后才知道这是一家当时只有十个人的创业型公司，公司的整个市场部就只有大老板和任静两个人，他们要一起组建市场部。任静说在那里工作的四年半是她成长最快、收获最多的几年，她觉得自己用了四年半的时间学到了十年的东西。她很庆幸自己的生活中总有贵人相助，她跟着大老板学到了很多、尝试了很多，也取得了不小的成就。任静最开始做投资就是由此而来的。大老板个人做投资有资金，他会让任静负责，跟着他一起做很多项目，任静因此认识了很多人。2008年风险投资刚刚进入中国，外汇是不能结算成人民币在中国做投资的，他们必须用变相的方式投资。而任静刚好赶上了国家开始鼓励投资的节点，上海又是金融中心，很多政策都是从这里开始的。当时她就跟着老板辅助政府对相关的政策做研究，很多政策的起草都是任静在那个时候做的。任静因此比别人更清楚当时国家的相关投资政策，很多个人或者机构，包括会计事务所、律师事务所便找到她做咨询，她得到了更多历练。

后来任静做基金也跟这些经历有关。当时他们辅助外资投一些项目，自己也会跟着看，发现很多不错的项目，他们为外资提供免费的服务，外资就给他们跟投的机会，让他们参与进去。任静因此会接触基金的结构设立、项目投资，而且这种接触比较深，对她影响很大。之前做政策研究的时候因为有政府的背景，他们做事就要很低调很小心。她还会负责跟进一些项目，承担着多重角色，因而觉得有点压抑，2011年左右的时候开始萌生了自己出来单干的想法。她当时也有两个选择，一方面可以跟朋友合伙做基金，另一方面就是完成一直以来没能实现的旅游梦,做旅游相关创业。

说到这里,很多人大概以为猫女王就该踏上创业之路,真正成为猫团体中的一员了。然而事实是另一个人的出现让她暂时延迟了自己的创业计划,任静遇到了她生命中的另一位贵人——高能资本王晓滨。高能是做矿业投资的,在国内属于行业龙头,其白手起家的创始人王晓滨董事长也是一个极具个人魅力的女性。她当时极力邀请任静去高能跟她一起做一个新的基金,给任静更高的平台和自由,而且承诺可以以任静的名字命名一个基金。任静进了高能,做了一个名字叫"任静"的现代服务业基金。事业蒸蒸日上的同时,任静也面临着一些客观的阻碍。高能是以矿业投资为主的,从来没有投过服务业,任静想要组建这样一个基金就困难,而且她的很多精力被分到了其他地方。投矿产的时候公司缺人,她就会去参加,结果做到最后这个矿产项目就成为她的了,她要对这个项目负责到底。入职三个月,完成了2亿元投资,任静就一直在做矿业,不但无暇顾及别的服务业项目而且偏离了她当初进高能的方向。她跟几个朋友一起去旅游,再次刺激了她想要做旅游的强烈欲望,她便去留意了整个市场的情况。在2012年底的时候做了辞职计划,决心进军旅游业,成功化身猫女王。

说起自己的性格,猫女王真的就是一个猫的活化体。百变的她时而会卖萌,在同事面前戴那种超大的蝴蝶结;时而会跟男孩子们一起打篮球,大大咧咧的;时而也是一个严肃的老板,认真刻板地对待公事。猫女王说她从来不刻意想着自己要给员工展现出一种怎样的形象,而是随心所欲、自由发挥,有的时候她竟然穿着睡衣就跑到办公室去了。大概也就是因为这样,很多员工第一眼见她的时候都没认出她是老板,还以为只是个活泼的女同事,直到共事的时候才被她的领导力深深折服。没个"正经"的猫女王自然没个"正经"的猫团队,指南猫宽松的工作氛围吸引力百分百,但办事效率也果真是不输给别人。

　　后来的后来,就是我们现在所看到的猫女王和她的猫团体以及他们引以为傲的宠儿,指南猫。他们因"猫"而结缘,因爱好旅行而相聚,因梦想而共同努力。他们放荡不羁爱自由,他们也认真努力有追求,他们逐梦的路上一直在向所有人证明,年青一代的85后创业团体是OK的。最后,我们用猫女王的一句话来作为结尾,也作为希冀:"做你想做的事,成为你想成为的人,去你想去的地方,因为你的生命只有一次。"

"四好青年"成长记

——记铂涛菲诺首席发展官束菊萍

从旅游管理专业的研究生,到铂涛旗下中高端酒店品牌铂涛菲诺的首席发展官,13年时间,娇小的束菊萍用自己的勤奋经历演绎了破茧成蝶成为"四好青年"的故事。

 好出身

2002年,在旅游教育界内素有"南中山,北二外"称号的北京第二外国语学院校园里,正在上大四的束菊萍还是一个活跃于各种校园活动和兼职工作,一心想要投身社会报效祖国的小姑娘。不成想一次回江苏老家的时候,得知自己的发小,一个男生,正在为研究生考试做准备。这个发小和她从幼儿园到初中一直在一个班级,虽然成绩很好,但是从来没有超过她。并且在班里,发小只能是副班长,班长的"宝座"一直被她"垄断"着。现在发小竟然要超过她去考研究生了,一股儿时的傲气又涌上了心头,当即决定自己也要考研。没抱着一定要考上的心态,她却顺顺利利地考到了本校的研究生,然而发小失利了,可谓是"有意栽花花不开,无心插柳柳成荫"。

研究生的学习生活对于束菊萍来说是非常重要的，帮助她在人生修炼的关卡又进了一步。北京第二外国语学院是我国最早开展旅游管理专业高等教育的院校之一，集中了一批优秀的教师和学生。学校注重学生的国际化、复合型及应用性能力的培养。在大量研读国内外经典理论的同时，要求学生深入实践，破解现实难题。做到既要仰望星空，也要脚踏实地。读研期间，教师们布置的研究课题接踵而至，要阅读文献、现场调研、统计数据、分析问题直到提出解决方案。在完成一个一个的学习任务的过程中，她养成了一种习惯，看到任何一个课题，都会去仔细地琢磨研究，应该怎样去解题、破题。这无形之中也锻炼了她思维的逻辑性和系统性。同时也更专注了，做起事情来理解会更深刻一些。

另外她的学习能力也得到了很大的提升。拿到的课题并非都是自己能力范围内的，有时候甚至是自己根本不熟悉的东西。有一次的课题需要分析某个公司的财务报表，以了解这个公司的经营状况。大学时候虽然学过财务管理，然而她和大多数人一样，早就把那些知识还给了老师。看着财务报表上各种熟悉而陌生的指标，以及密密麻麻的数字，眼都晕了。这时候只能重新开始去学习，从网上搜集资料，查每一个指标的意思，参考其他公司的报表分析来看这个公司的财务状况如何，反反复复地琢磨，最后也能分析个八九不离十。之后再遇到类似的情况，她都如此，见招拆招，学习能力提升得很快。

这方面她也受益于自己的导师，现在中国旅游研究院的戴斌院长。戴老师作为业内德高望重的学者，始终保持着求知若渴的心。社会上出现了新事物，他都会尽量去了解和学习，紧跟时代的变化。"对于自己不知道的事情怎么办，不知道就去学嘛"，戴老师的这种心态对她产生了很大的影响。同时她也从老师身上学到，做什么事情都要守时。如果答应了别人，即便自己再怎么忙怎么累，也要完成。而且，自己立下的规矩，要以身作则地遵守。

与导师一起做课题的时候她就像是一个小跟班，经常收集资料、做记录、写报告，却不曾想到，小跟班也在逐渐成长，也有被推到台前的一天。

研究生二年级的时候，导师带领她们接手了岭南集团花园酒店的一个项目，项目的核心板块由束菊萍牵头带着自己的同门一起做，同时做这个项目其他板块的还有中山大学和香港理工大学。项目完成后她跟随导师一起去广州开会，各个组分别介绍自己项目的完成情况。中山大学和香港理工大学项目组汇报结束，接着便是自己的导师。导师在上边讲着，她就在下边仔细地做记录。谁知导师讲了几句后忽然对她说："小束，你来把这些问题讲讲清楚。"

如果这时候给她拍一张照片的话，她脸上的表情一定是一个大写的"蒙圈"。当时台上坐的可是岭南集团的董事长，台下是有几十年工作经验的精英班子呀，需要一个学生去给他们提战略或战术性的建议吗？其他两个项目组的汇报人都是资深的老师呀。镇静，镇静！这么多人看着，怎么着也得硬着头皮顶上去。刚开始上台，免不了有些结结巴巴，语音语速控制得也不怎么好，但是讲着讲着她就沉浸其中了，噼里啪啦从头到尾讲了一遍，越讲越顺。下来之后，集团董事长很满意，导师也称赞"讲得不错嘛"，她舒了一口气，却又小声埋怨导师怎么都不提前打个招呼，好让她有个准备。导师却说"这不是你做的嘛，还需要做什么准备"。她忽然间懂得，即便自己只是在做一些幕后的工作，即便这些工作不是给自己做的,也要时刻做好准备,因为也许下一刻,上台的就是自己。

之后上台的次数多了,她也镇定下来不再怯场。同时她也逐渐明白,做一件事不能仅仅是"做过"。能不能做,做完之后能不能讲出来,讲出来后面对别人的疑问能否解释得清楚,这是三个层次。在工作中也是一样,对于关键内容,比如一些重要的数字,要时刻牢记在心,以便别人问起来的时候可以脱口而出。不能告诉别人说麻烦你等下,我去翻一翻报告。

回顾学生生涯,束菊萍认为自己学到的另外一件非常重要的事,就是要打造自己的核心价值。她举了自己导师的例子说,导师不曾在企业里工作过一天,没有端过盘子,也没有打扫过客房,但是企业的总经理们还是很乐意听导师的看法和建议,因为他总能够从另外一个角度去看世界。耳濡目染,有时候她自己也是如此。企业家们习惯性地从做生意做买卖的角度出发,但她会从做学术研究的角度去思考,这样一来思维的逻辑性和系统性可能就会更强一些。所以每个人都要打造自己的核心价值,不拿自己的短处去和别人的长处比,也不羡慕别人的长处,专心致志把自己的长板做得更长。

 好眼力

转眼间到了 2005 年,读研三的她和所有大学生一样该找工作了。正好赶上中国香港中旅集团在全国范围内的知名高校招对口专业的学生,如北京大学、南开大学、复旦大学还有北京第二外国语学院等。港中旅的招聘就像考公务员一般,要经过一轮又一轮的考试。当时很多学生都报了名,二外拿到 offer 的有六七个,这是港中旅在一所高校招的最多的人数了。拿到 offer 的时候还没过圣诞节,离毕业还有半年多的时间,她既开心,又有一些犹豫。不去的话,可惜了自己一路闯关斩将杀出重围;去的话,毕业之前还有很多机会就不能尝试了,并且她之前从来没有想过要离开北京。

但是整个面试的过程中,这家企业体现出来的诚信和规范打动了她。我们去投简历或者面试的时候,经常会遇到石沉大海,或者让面试的人回去等通知,结果一等就再也没有音信的情况。但是港中旅不同。当时参加港中旅招聘的学生特别多,但是每一轮考试结束之后,都会有人通知说几天之后会有结果,无论是否通过考试都会通知到每一个人。果然到了出结果的那一天,无论多么晚,公司都会有人打电话过来。

另外考虑到北京丰富的医疗、教育等资源,其实很多学生都会想留在北京拿一个户口。但是她更看重的是能不能在一个公司里做自己喜欢的事情,公司的发展前景如何,以及自己能有多大的收获。如果为了户口放弃很多机会和平台,在她看来是不值得的,而且她认为年轻人应该多去闯一闯。一番思量后,她决定接受 offer 离京南下,去深圳打拼。

毕业后(2006 年)她来到港中旅,进入了业务发展部,主要做业务发展规划、酒店资本性支出方案等方面的工作。港中旅是一家大型的驻港中资企业,其酒店板块中以高星级酒店为主。一次她和领导去上海出差,正好附近有一个如家酒店。领导是学投资财务出身的,看到什么东西都会习惯性地算一下它的投资回报。算出来的结果让他们吃了一惊,这家店的收益高到基本上一年多的时间就可以收回成本。

当时,我国的经济型酒店进入了快速增长的起步阶段。20 世纪30年代末期到50年代末期,经济型酒店最初的形式汽车旅馆开始在欧美出现和发展,为平民出游提供廉价的住宿服务。到80年代末期经济型酒店已经成为欧美发达国家成熟的酒店业态。

但是从20世纪90年代,经济型酒店的概念才开始进入中国。1997年2月锦江集团推出了第一家名为"锦江之星"的经济型酒店,标志着我国经济型酒店的起步。从2002年起,我国经济型酒店进入全面发展阶段。2002年,上海美林阁酒店及餐饮管理有限公司创立了上海莫泰酒店管理有限公司,打造全新的经济型旅店品牌"Motel168",是国内首家以"汽车旅馆"为概念的经济型酒店。同年,如家酒店集团成立。2004年,7天连锁酒店集团注册成立。2005年,时任如家酒店CEO的季琦从如家抽身,创办汉庭连锁酒店。

在上海有这么多家经济型酒店的总部,在南方却没有,束菊萍意识到机会来了。在评估了市场的发展趋势后,向集团投资发展部提出"经济型酒店发展"的业务规划。虽然当时也有其他人提出来做经济型酒店方向的,但整份完整的报告还是她提交给集团投资发展部的。

后来,随着集团业务的调整,开始将三星级以下的酒店重新定位为经济型连锁酒店,品牌更名"旅居快捷",为宾客提供自由、轻松、健康、简约、干净、纯粹的居停享受。

在港中旅酒店管理公司工作的第一年,她每天都过得很充实。整个团队成员年轻有朝气,配合良好,效率也很高,一年能签十几个项目,而且都是很不错地段的项目。大家忙起来的话甚至没有时间回家睡觉,简单休息一下就继续上班。虽然辛苦,但她觉得自己一直在不断做事情的过程中成长进步。到了2006年6月,经国务院批准，中国中旅集团正式并入中国香港中旅集团公司，港中旅按照管资产和管人、管事相结合的原则对中国中旅履行出资人职责。中国中旅旗下的酒店板块也并入进来后，各种人事、机制都在发生变化。由于企业并购所带来的过渡期，自己在公司越来越没有什么事情可干，也越来越体现不出自己的价值。2008年8月，她果断地选择辞职离开，转而进入了当时还处在发展初期的7天连锁酒店，继续从事自己看好的经济型酒店业务。

　　本来以为在7天学习一两年就会走，不曾想到2016年已经步入了第八个年头。其实，与7天的缘分在束菊萍还在北京读研期间就结下了，那时的她有机会和7天的CEO郑南雁交流过。当时郑总给她留下了深刻的印象，她是一个非常实干的企业家，心态平和，不摆领导架子，拥有不一样的管理模式和管理方法。而且当时7天发展劲头十足，2007年7天会员数达到100万，成立了7天会，并获得美国华平、德意志银行、美林集团9500万美元的融资。相比已经上市了的如家，7天各方面的系统可能不那么成熟，但却有更多的发展机会，也不像在港中旅，只是那台大机器上的一颗螺丝钉，在7天更有可能干出一番事业来。

　　进入7天，最初是在运营部，做整个运营体系的构建等。后来基本上把7天其他所有的部门都做了一遍，分别有产品创新部、工程体系的业务管理部、分店维修统筹部、安全与风险控制中心、存量资产部、管理店收购等各个部门和业务模块。

　　这么多部门，业务多是她之前从未接触过的领域，除了努力学习新知识外，她非常懂得以己之长补他人之短。例如若是在工程部比工程的话，她肯定比不过那些专业人员，术业有专攻嘛。她不会说专业的术语，但她有运营的经验，有做安全检查方面的经验，看问题的视角也与他们不同,她清楚地知道漏洞在哪里。运用这些经验,她把工程的硬件标准里有漏洞的地方全都补起来,从源头控制,对公司和工程经理都很有好处。

她说,每一段工作经历都会给人生增加一些附加值,机会总是给有准备的人。虽然之前工作的时候可能没有意识到,但是总会对人生产生一些影响。就像在港中旅工作时,做存量资产和收购的经验对她在7天做存量资产有很大的帮助。

在7天,她曾同时作为三个部门的负责人,工作上向集团COO负责。每年审批出去的工程款项达到近四五个亿。通过流程和效率的优化,在酒店门店数从近100家发展到近1000家的过程中管理团队规模并不完全直线上升。至此,她做很多事情都已经熟练到可以流水化地完成了,似乎没有太多成长空间了,便有意离开。

或许她就是这样的一种人,一直在努力向前走,渴望得到进步,一旦这条路与她的价值观不符合,或者满足不了她成长的愿望,她就会毫不犹豫地选择放弃。

在与郑总交流时,她得知集团有多品牌发展的意向,就留了下来。

2013年7月,7天连锁酒店正式完成退市,由郑南雁、何伯权、英联投资等7天原有股东,加上凯雷投资集团、红杉资本共同组建铂涛酒店集团(Plateno,下称铂涛),完成对7天的私有化收购。铂涛完成对7天的私有化收购后,树立了三大战略:轻资产、多品牌、国际化。随后推出多个酒店品牌。有定位咖啡文化中端酒店的"喆啡"(James Joyce Coffetel)、定位中端舒适酒店的"麗枫"(Lavande Hotel),还有定位中高端的"铂涛菲诺"(Portofino Hotel)——那是束菊萍创业的开始。

其实从2012年4月,她就开始准备铂涛菲诺的创建。

束菊萍将铂涛菲诺定位为迷你五星级酒店,即客房是五星级,但是不像标准五星级酒店有那么多的配套设施。将目标人群定位为25岁至45岁的这个群体。在这之前,她请零点研究咨询集团的一个团队为他们做了详尽的市场调查报告,发现不同年龄层的人群,其需求也是不尽相同的。特别是之前五星级酒店消费的中坚力量60后,他们喜欢热闹,看重富丽堂皇的大堂,享受被人前簇后拥的感觉。但是75后的这一人群完全不同,他们对大堂面积大小并不在乎,但是要求设计有格调,强调品质和私密性,对智能手机的运用广泛,更喜欢自助服务。

另外,7天自2005年开始建立起来,吸纳了几千万的会员。最初的那批会员可能刚毕业经济能力不太强,只能住经济型酒店,但是随着年龄的增长,他们的消费水平也在不断提高,要求也在不断变化,希望能有与自己身份相匹配的酒店出现,这也是7天做中高端酒店的 个内在推动力。

据北京东道、零点等公司2011年11月一项北上广深四市调查,高星级酒店的目标客群没有或尚未接触到只专注于打造高端客房,而省略传统高端酒店中利用率较低、较耗费资源的配套设施及公共区域的酒店类型;这些客群表示,这种酒店正是自己所需要的,因为他们经常只有在晚饭之后或快睡觉时才回到酒店,所以,弱化利用率较低的酒店公共区域,把酒店的价值集中在客人最需要的客房打造上,性价比更高,更人性化。

铂涛菲诺迷你五星的定位能够很好地满足以上细分市场客户的要求。同时他们也会考虑到投资人和业主的需求。传统上讲一些业主的投资收益可能比较低,由铂涛菲诺来做的话,既可以有可观的收益,还能有一个不错的项目,对于投资人来说比较受欢迎。

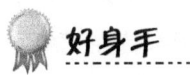 **好身手**

用一句话来形容她的好身手的话,就是学人与企业家的结合体。

在读研究生期间,她做过很多项目,参与撰写中航旅业《十一五中航旅业战略发展规划》、广州岭南企业集团《酒店产业的空间布局与业态组合研究》,合作出版《饭店品牌建设》等。

毕业之后,她又先后出版了《经济型饭店:国际经验与中国的实践》《中国度假饭店市场环境与产业成长战略》,参与酒店集团《机场连锁酒店商业计划书》和中国饭店业协会《中国饭店管理公司运营规范》的撰写。

作为铂涛菲诺品牌的创始股东,将铂涛菲诺这个品牌从无到有进行创设,推向市场,并逐步被客户认可;作为铂涛菲诺品牌的首席发展官,在短短三年左右的时间,直接带领团队签署了三十个左右的项目管理合同,项目遍及海内外,合作的客户有绿地集团、老挝方德、中铁房地产公司、鄂旅投等大中型房地产开发公司;作为负责铂涛菲诺酒店的COO,负责搭建铂涛菲诺的运营架构,构建新的培训、供应链、市场、运营支持等各个体系,成功解决几个项目的团队搭建及外派,同时实现酒店经营业绩大幅度提升。

荀子说,不积跬步,无以至千里;不积小流,无以成江海。好身手也是一步一步练出来的。

进入港中旅大概半年时,她向集团投资发展部提出"经济型酒店发展"的业务规划,接着被外派至上海着手进行项目的筹建,工作整整一年的时间。

可以说是初生牛犊不怕虎,那时候她对工程上的事情一点都不懂,领导派她去她就去了,到那儿之后基本上每天都待在工地上了。筹建的时候,地产板块的同事不停地发文给她,让酒管公司确认平面布局的各种细节事项,然而集团也无暇管理。她只能找人要了图纸,自己一个房间一个房间去确定马桶放在什么位置,床放在什么位置,是否要调方向等。不知道走了多少遍,终于把平面图确定完了。之后还涉及采购、预算等。最麻烦的是当时项目建在一个成熟的小区内,所以会扰民。

刚开始她和同事把空调的风机放在了楼顶的平台上,结果被投诉声音太大,无奈他们就把走的管道线路都拆了,损失了不少钱。后来重新改了方案,安装在墙上,最大限度地去避免噪声,结果还是被投诉。当时有些小业主投诉,拉"反对港中旅筹建酒店"的横幅要求赔偿。被举报、上电视台、和城管应酬,修改施工时间,调到最不扰民的时间段。"当时周木一接到电话,就想着肯定又出事儿了,赶紧往工地跑,简直要神经衰弱了",她笑着说。

即便是工作了六七年做出了很多成绩,挑战也不断出现。

创设铂涛菲诺的时候,只有她自己。最开始连名字都没有,办公室也要重新装修,所有的体系都需要重新搭建。她最初就确认,中高端酒店不能在经济型体系内做,不然会越做层次越低。举个例子,一双拖鞋,中高端酒店要用品质好一些的,但是在经济型的体系内,由于成本控制等方面的原因可能是不支持的,而且也不可能每件事情都一一解释去获得认同,不独立出来做的话很容易被经济型酒店的势力拉回去。当系统无法支撑的时候,她只能靠人工一步一步地做上去,甚至因为一些事情的意见不同,和郑南雁拍过桌子,和部门的负责人吵过架。

一些看似简单的事情,实际做起来是十分复杂的。

铂涛菲诺做铂涛集团的子品牌,产品、运营完全自主,但可以共享铂涛集团,也即7天之前的会员体系。原来7天的PMS都是自己研发的,铂涛菲诺是千里马的,两个系统能否对接得上,对方愿不愿意配合,成本怎样核算,各种细节问题让人应接不暇,但是她作为一个发起人,没有退路,只能硬着头皮去面对。哭过、闹过、服软过,唯一的目的就是解决问题。

虽然有在7天工作的经验,然而,高端酒店的运营模式与经济型酒店完全不一样,需要一步一步地试错。最初团队准备要做直营店,就要选好了位置,之后却发现高端品牌不适合用租赁模式去做。经济型酒店像如家、汉庭、锦江等成功的模式都是依靠租赁,但是高端酒店品牌依靠的是商业资产的价值,包括资产的升值和溢价。"越是经济型酒店营运收益越高,越高端反而营运收益越没有那么高,更多的是地产和资产的升值"。

作为商业地产重要的一环,酒店在一个商圈的发展中一直占据着不可或缺的位置。或许对于新成立的中高端酒店价值的衡量,更应该从其对商业板块物业价值的提升上窥其潜质。

铂涛菲诺的第一个项目也是她自己谈下来的,过程也很艰难。因为她更多的工作经验是运营和内部管理,没有做过对外开发。偶然的机会和一个业主聊过之后,业主非常感兴趣想要加盟。但是团队基本上什么都没有,也没有自己的直营店,她只能跟业主说保证全力去做。接管这第一家店的时候,他们整个团队都在现场进行资产盘点。一个酒店几个亿的资产,盘点了几天几夜才把资产盘点清楚然后平稳承接过来。刚开始的时候加盟店一个月的营业额只有200万,后来做到400万,再后来达到了520万。

创业之后,做事的方式和心态也完全不同于做职业经理人的时候。她现在是股东,而且只是一个小股东。资源有限,每一分钱都要计算得很清楚,每一件事情都得全力以赴。做职业经理人的时候不会担心发不出工资,但创业的时候就会面临这个情况。她会想这个月需要给多少人发工资,要发多少钱,每天的办公成本、每月的开支是多少,这是完全不一样的一种心境,挑战很大。

好心态

在我们眼里,束菊萍是成功的,然而她并不喜欢用这个词来形容自己,也并不觉得自己是成功的。

"人生是一种修行,这个过程中必然经历酸甜苦辣、喜怒哀乐、生老病死,真正属于自己的光阴是有限的,在有限的光阴里做一些有意义有价值的事情,这就是我对生活的界定吧。到现在年龄也不算大,但也有一些英年早逝的同学,明天是怎样谁都不知道,就向死而生吧,把每天当最后一天来过,这样很多事情就能想开,自己开心就好,不要计较那么多。刚开始做项目的时候也是很好强,一定要很努力得到别人的认可,但是现在看得很淡,你行或不行不是别人说了算的,按自己的节奏去生活就好。"

"现在有的人说我成功了或者怎样,我并没有看得很重,重要的是我在这个过程中学到了什么,收获什么,人生的阅历经历是否丰富。毕业的时候我也可以选择过平淡的生活,但是我没有去选择,这跟每个人的人生观价值观是有关系的。对我而言,我挺害怕现在就能一眼看到自己退休后的状态,就感觉自己人生没有活过一样。只是觉得人生应该有意义一些,该尝试的尝试,该努力的努力,成败不是我控制的,但是经历是属于自己的。"

"一路走过来,心态真的很重要,不患得患失,不怨天尤人,没有过多的负面情绪,保持从容淡定,有机会就努力去做。这个世界上没有谁比谁聪明多少,只有谁比谁多付出多少。"她说,成功的定义难以界定,只是努力离自己的目标更近些。"做公司不一定非要做一个多么成功的公司,而是要做一个有价值的公司。一个公司能吸纳上百号人就业,并且能发出工资,这本身就是一件很有价值的事情。就我个人而言,也不说做一个多么成功的人,而是要做一个对社会有价值的人。"

深耕细作,播撒情怀

——狄普旅游电商 CEO 孙憬

在中国改革开放的 30 多年时间里,诞生了很多成功的企业。然而这世间的传奇有多动人,背后的付出就有多辛酸。阿里巴巴的创始人马云,创造了一个节日"双十一",每天天猫上的成交量达到百亿级。"让天下没有难做的生意",这个想法在数字中得到体现。从 20 年前马云举债 2 万元创办第一家互联网公司,到 16 年前十八罗汉创立阿里巴巴拓荒电商,再到阿里赴美敲钟上市,成为全球最出色的互联网公司之一,阿里人艰苦作战的斗志,让阿里巴巴的成功不是偶然。华为作为手机行业中的"扫地僧",它的成功不过是厚积薄发的必然结果。任正非自己也说:"华为为什么成功,华为就是最典型的阿甘,阿甘就是一个字——傻!阿甘精神就是目标坚定、专注执着、默默奉献、埋头苦干!"

今天我们要介绍的这家企业——狄普旅游电商,就像它对应的英文名字 Deep(深)一样,正在旅游的天地之间努力向下扎根,是现在旅游行业精心培育的幼苗,未来的参天大树。

 播撒希冀的种子,把憧憬埋起

来到北京的南锣鼓巷,游客熙熙攘攘,主街道两侧的商铺生意兴隆，商品琳琅满目，好不热闹。往里走一会儿，从一个路口拐进去，就进入了有名的雨儿胡同，里边是一个安静的小巷。雨儿胡同里还有一个齐白石旧居纪念馆，是一个完整的单体四合院。如果想要了解一下老北京人的四合院生活，倒是可以来这里参观参观。胡同里有趣的东西还不少，这不，这里就有一辆从北京开往远方的传统绿皮车，这时正停在站台边上，等我们上车开始采访。主人公孙憬，将驾驶思想的列车，带我们走向远方。

孙憬，同事们亲切地称她为孙姐，重庆人，中文专业背景，毕业后顺理成章当上了语文老师，是实实在在的文艺女青年一枚。因为所读大学是当时铁道部资助的唯一一个师范学院，孙憬就是在铁道部的资助下，完成学业。也正是有了铁路的存在，让穿梭在不同目的地成为一种可能，因此孙憬对铁路有着非同一般的情感。

孙姐是一个热爱旅游、向往自由的人。为了实现自己的旅游梦想，毅然决定将旅行和工作联系起来。最开始的时候，她先选择一个目的地，然后在这个地方生活、工作、旅游。当对这个地方熟悉之后，再选择另一个城市，开始另一段新的旅程。因此，她走过很多地方，比如四川、云南、北京。在北京最早做旅游专列，后来做自驾游，也在北京国旅做出境旅游。随着互联网兴起，她接触到天涯论坛里面的旅游板块。2006年，她去杭州发展，初到杭州，一切从头开始。回想当时做导游的经历，孙姐也非常佩服自己。那时带团业务量很大，平均一个华东团要带6天，一个月就要带4个团，基本上全年300多天都是在外边带团，非常辛苦。这样的辛苦换来的是非常宝贵的经验和阅历。孙姐用了4年的时间，成为全国第一批试点考试的高级导游，积累了丰富的旅游服务一线经验。对旅游中所有的细节，了如指掌。

有了丰富的导游经验，加上这些年积累的人脉关系，孙姐决定辞职，自己创业。因为1999年在昆明做过世博会服务志愿者，知道上海世博会肯定会吸引很多人来华东旅游，所以在2010年世博会举办之前，2009年孙姐成立了一家30人左右的旅行社——陌上花，取自杭州陌上花开的典故。借助世博会这个机会，旅行社的业务量激增，专门接待世博会专列。所以旅行社一成立，就取得了不错的市场业绩，业务做得有声有色。

孙姐用辛勤的汗水，获得甜美的果实。但快乐的日子没有长久持续，她在这个过程中慢慢地体会到传统旅游中一些令人沮丧的事情。传统旅游的业务模式是地接社接组团社的团，由组团社收取客人的费用，再结算给地接社。刚开始的时候，组团社还是按期付款的，慢慢的结算资金就有些拖拖拉拉，甚至到最后资金结算的日子就遥遥无期了。孙姐还给我们讲述自己亲自要钱的经历，感受到地接社在霸道的组团社面前的软弱和无能为力。因为自己的亲身经历，所以特别能体会地接社的不易。孙姐是一个有情怀、重感情的人。因此想办法去中间化，维护地接社的利益和尊严，这也是刺激孙姐后来转型的一个原因。

随着"高铁时代"的到来，人们耗费在旅途中的时间越来越短，可到达的目的地越来越丰富，极大地推动了"散客自由行"的发展趋势。手机科技的迅速发展，使得传统的旅行社业务，在一个APP上就可以搞定。比如，当时旅游业中做住宿的今夜酒店特价，第一个通过手机软件讲解故宫的Touch China。在互联网时代认识朋友的方式非常便捷，不需要实地参加会议，也不用非要经朋友介绍，孙姐这个传统旅行者在这方面也给我们上了很好的一课。她和Touch China的沈卓立就是通过微博认识，之后还进行合作。远方网陈长春,也是她的好朋友。在他的整个创业初期,孙姐远程陪伴,并提供旅游方面的指导。

2011年,北京到杭州的高铁开通,孙姐之前也认识做互联网的朋友,这时候时机成熟,于是开始转变业务模式,不做传统的线下旅游,在线上通过互联网接北京到杭州的高铁游客。在当时孙姐可以说是传统旅游业者做线上的第一人。

高铁的兴起和互联网的快速发展,使得用户获得旅游信息越来越便利,形成"高铁+移动互联网=用户"的趋势,这对传统旅游业形成巨大的冲击。孙姐、沈卓立等人认为高铁旅游大有作为。因为孙姐在铁路方面有非常好的人脉资源,像铁道出版社、《人民铁道》报社等,这些铁道方面搞宣传的人很多都是她的校友。于是在2012年3月,就一起策划了一个活动——高铁旅游论坛。孙姐负责策划和联系方面,沈卓立负责联系互联网创业的这部分人,最后整个团队实施完成这件事情。最后出席论坛的有戴斌、魏小安、铁道部原副部长、巅峰智业公司相关负责人等,从政府到行业专家再到互联网的平台还有旅行达人,上百家旅行社和重量级精英均出席本次论坛。在本次论坛上提出高铁O2O这样一个概念。正是通过这次活动,孙姐认识了当时中国在线旅游的几乎所有精英。这为她后来的创业积累了非常好的人脉资源。

总之,无论是多年的导游经历,创办旅行社的经验,还是自身的教育背景,都是孙姐宝贵的财富,为今后的发展积累了丰富的资源。

精心培育，静待花开

在互联网时代，在线旅行社的跟团游业务对传统旅行社形成越来越大的冲击。从2014年携程网公布的数据来看，跟团游已经占在线度假市场的半壁江山，远高于我国旅游业的增速，并且呈现加速增长的趋势，线上跟团游将成为主流。一方面，消费者的消费习惯发生了转变，从依赖传统旅行社门店报名，到通过手机APP查攻略、订产品、平台比价等方式选择线上跟团游；另一方面，依靠丰富的产品信息，技术和服务的创新优势，OTA更能抓住客户的需求。因此，线下跟团游消费转移到互联网和手机客户端是大势所趋。

凭借多年的导游经验，孙姐认为无论消费方式是线上还是线下渠道，最终少不了为游客提供落地服务，而当地的地接社对目的地的资源等信息最为熟悉，能够为游客提供更加满意的服务，所以旅游的环节中离不开当地的服务。但是没有人将用户和当地优秀的地接社直接关联到一起。虽然很多OTA都在做线上平台，但是都在中间环节赚取利润，而没有真正为用户和地接社做事情。那么，如何帮助地接社通过互联网将自己实实在在的服务直接与顾客对接？孙姐一直在摸索。

在自己寻找答案的过程中，孙姐加入了中国旅游创业家协会（现为中关村智慧旅游创新协会）。中国旅游创业家协会是这样一个组织，通过汇聚旅游创业者的力量，搭建旅游创业服务平台，为创业者提供智力、资源、资本支持，帮助更多有想法的创业者，实现创业梦。

刚开始的时候,协会的会长张德欣,负责聚拢线上的资源,孙姐负责线下目的地的资源,通过线下支持线上,把线上的流量转到线下,也为当时的一些创业公司提供资源支持。在这个过程中,与创业公司及一些大平台的合作,比如QQ旅游、腾讯旅游,都没有达到孙姐的意愿,没有实现线上到线下的流量转化,把用户真正带到目的地,反而促使那些小平台最后都变成了线上组团社。

找不到合适的人来做这件事情,于是就开始自己的创业之路。她希望为地接社的转型开辟一条道路,让每一个地接社都能将当地优秀的景点、酒店等目的地资源直接提供给游客,去中间化,提升游客的旅行体验。孙姐的想法很好,可是刚开始当地的地接社根本不买账,不理解为什么要亲自做线上,因为目前在线下招揽游客的方式还很滋润。而且发展电商部门,需要花费额外的人力物力,线上销售也不是传统地接社擅长的一面。直接找地接社行不通,孙姐就转变想法,自己先弄一个线上旅行社,做一个标杆,选取目的地优秀的旅游资源,在线上设计产品并宣传销售,这样地接社就有一个学习的范本。可是,孙姐自己虽然接触过互联网,但是没有线上开店的经验。找一个有这方面资历的合伙人,是孙姐创业的关键。关于如何找到目前的合伙人,也有一段颇为有趣的故事。

孙姐说她特别喜欢北京胡同的氛围,她在南锣鼓巷的小胡同里设计的那个开往远方的绿皮车,搭载着她对铁路的情怀和对旅游的向往。她平时比较感性,喜欢演话剧和看话剧,是一个文艺女青年,喜欢写诗,讲究情怀。南锣鼓巷本身是北京非常有名的商业胡同,外地人来北京游玩,都会到南锣鼓巷转一转,看一看老北京的胡同是什么样,了解一下老北京的胡同文化。因为这样绝佳的地理位置,孙姐索性也打开门做点小生意,不过是多认识一些人罢了。她还会经常和来北京的人聊上一聊,这不,就认识了她现在的合伙人,于炳。他在上大学时就在天猫上开店,因此拥有丰富的线上销售经验。

有了合适的合伙人,又从朋友那里获得创业种子基金,凭借多年积累的旅游资源,孙姐于2014年10月开起天猫店,直接切入销售。最开始是6个人,就在南锣鼓巷办公。孙姐负责产品设计,合伙人负责运营,另外1个人负责包装美工,2个客服,1个计调。业务做到两三万元的流水,在整个目的地搜索中排名第二。后来考虑到业务链条太长等原因就放弃了。

在开线上店铺的同时,他们发现只要帮地接社把产品梳理清楚,包装好上线,吸引流量进来,就可以获得业务。这样产生了代地接社运营的理念,服务于地接社,提供地接产品的互联网化运营。代运营模式是不收代运营费,按照店铺流水提成。旅游行业去中间化只有10%的利润,相比服装产品等特别低,要求旅行社交代运营费是不可能的,所以又转变方式,分利润。企业的核心竞争力,是依靠阿里电商平台大数据的分析和传统旅游业的分析,实现对目的地资源的整合包装。

目前店铺运营的整个流程可以复制,实现了标准化。已经由之前的1家店铺发展到6家。未来准备发展到10家,主要目的地囊括了北京、西安、上海、桂林、云南、海南、成都、厦门等中国的主要目的地。

具体的流程是,采用总技术后台、店铺和当地的地接社三方合作的方式,实行店长负责制,通过包装设计产品、营销策划、产品上线等服务内容,为地接社带来游客。地接社有两个客服,提供专业的旅游咨询服务,店铺负责培训地接社的客服,以实现标准化。总的后台技术部在深圳,可以称之为计调平台,为各个店铺提供资金和服务,库存和班期可以复制更新。三方共同经营,分享盈利,为目的地优秀的地接社,寻找到一条合适的出路。

除了帮助地接社,狄普也服务于当地优秀的旅游目的地资源。将准备业务拓展到针对电商的国内目的地营销策划,例如都江堰、青城山营销案例。通过梳理目的地的旅游资源,搭建地接社产品体系,放到例如阿里、去哪儿等类似的电商平台。这样,目的地的旅游局和景区方面就把钱花在真正带来顾客的事情上,而不仅仅是宣传目的地。当然在宣传方面,传统的线下渠道趋于固定,而线上兼具了营销和销售两个功能,一方面可以让更多的人了解目的地;另一方面能带来更多的游客。

狄普旅游电商,就是为目的地优秀的地接社,提供一个平台,帮助地接社树立品牌,提高效率,降低人工成本,获取直客,去中间化。

 播撒阳光,温暖情怀

孙姐对成功的理解是成功取决于承担社会责任的多少,受到别人的尊重和社会的承认,给投资人回报,给股民回报,给员工回报,帮助他人成功,才叫成功。

首先,孙姐对情谊的坚持和她对一个行业的执着,感动和影响着90后合伙人。

一个是讲究情怀的原中文女教师,一个是喜欢数据做事理性的创业大学生。当被问到,孙姐哪一点让他这个大学生选择跟随孙姐的脚步,他给出的答案就是执着——对自己要做的事情的执着。由于合伙人之前的创业经验和旅游不相干,因此对一些旅游的问题并不是很理解。孙姐有自己独特的方式,不会用呆板的书本语言,而是会用自己的亲身经历,来指导合伙人。

初到旅游行业的大学生,跟着这位资深的旅游"教师",除了学习旅游知识外,更多的是做人做事的态度。孙姐是60后,合伙人是90后,难免存在代沟,在"三观"上还有分歧。比如,对金钱的观念。孙姐说,自己受过的教育是看不上钱的,大家都看重人情。可是90后认为要在物质财富的基础上谈论精神财富。孙姐能够找到90后做她的合伙人,可以看出她是非常亲切,与90后无代沟的大姐姐。于是我们看到一个有情怀的老师,带着一个90后,做一件很有情怀的事情。

作为一个领导者,对于自己员工的发展,也体现了她的责任感和担当。国内学者费涓洪(2004)在对上海女性领导者做调查研究后得出,在管理风格方面,女性喜爱采用"母性管理"的方式。孙姐就是用一个大家长的角色来管理和教育自己的员工。

当代,企业领导给了90后员工很多标签,很有个性、追求自由、难服从管教、有想法、浮躁等。但是孙姐认为,90后是目前和未来电商行业的中坚力量。孙姐给员工提供了非常好的学习和成长的机会。

首先,给员工的待遇非常好,基本工资高于传统行业,有带薪假期,有加班工资、饭补,上保险,女生还有安全的住宿条件。孙姐也给员工的成长提供了很好的机会,有一年的成长期,先做客服三个月,再做半年的运营助理,三个月的店长助理,如果达到孙姐的要求就有机会做店长,店长再带客服助理等,就是按照一层一层搭建的培养模式。对于年轻人来说,进入这样的公司,未来的前景是很好的,工资可观有保障。在这里还可以学到东西,可以成长。

孙姐也非常关心大学生创业问题,对于大学生勇于创业持非常肯定的态度,如果有机会她愿意提供帮助,甚至将自己的处所拿来作为大学生创业的场地。

初心是玩,但是后来就想认真做一件事情。她对行业有责任感,有目标要实现。对当地旅行社有一种情感,认为旅游有地域性问题,当地旅行社的服务无法替代,希望为当地深耕细作的旅行社服务,是一个很感性的旅游创业者。她愿意站在线上和线下的中间,做他们之间的桥梁和翻译,从而促使线上线下的融合。希望能帮助传统旅行社,在新时代实现转型升级。虽然不是严格意义上的社会企业家,但是在孙姐身上,我们看到了一个社会企业家对所热爱的行业的无限情怀。

心有猛虎,仍愿细嗅蔷薇

"于我,过去、现在和未来
商讨聚会,各执一词,纷扰不息。
林林总总的欲望,掠取着我的现在
把'理性'扼杀于它的宝座
我的爱情纷纷越过未来的藩篱
梦想解放出它们的双脚,舞蹈不停
于我,穴居人攫取了先知,
佩戴花环的阿波罗神,
向亚伯拉罕的聋耳唱叹歌吟。
心有猛虎,细嗅蔷薇。"

关于女性创业的问题,孙姐认为女性在业务上比男性更容易去开拓,比如业务的范畴、资源、把控等方面。另外,女性与生俱来的亲和力也是选择创业的一大优势。孙姐认为,尤其在旅游行业,女性成功的概率很大。同时也要注意,单身女性自己创业,比较强势,容易做事成功,但是也容易把关系搞僵。要注意把人际关系搞好。尤其是高龄女性创业,由于身体等各种原因,自己精力会顾不过来,希望有下属能替上来。在投资人看来,女性很容易为情感和家庭放弃事业,因此在获得投资方面,女性遇到的困难和不确定性会比男性多一些。

作为60后,孙姐的心却如90后一样年轻。

现如今,狄普已经成为阿里巴巴旗下阿里旅行的合作伙伴。在阿里旅行的帮助下,一定会达到"让目的地旅游企业没有难做的生意"的目标。

即便心怀猛虎,狄普仍旧脚踏实地,将足迹印在通往远方的道路上。

愿孙姐在旅游目的地这条满载希望的路途上,收获丰收的喜悦。为地接社送去希望,满怀憧憬。

创业人生　别样美丽
——记美辰旅游 CEO 汪美丽

2015年9月初,上海的天气还有一丝炎热。来到位于五洲国际大厦的美辰国际旅行社,顿时感到一阵清凉。里面的布置简约大方,四面的墙上贴着公司的 LOGO——一个七色的海螺,让人不禁联想起可以实现愿望的七色花。

正坐在办公室等着这家旅行社女主人的接待,忽然一阵咖啡香飘来。哦,原来是小助手端来了主人早已为我们准备好的星巴克咖啡。随后一个中年女子走了进来。标致的身材,一袭黑色连衣裙,一双带笑的眼睛。她就是我们要等的那个人——美辰国旅的创始人汪美丽,人如其名。

汪美丽经营的美辰国际旅行社拥有国内游、出境游、签证办理和邮轮四个业务板块,并且早在2013年8月营收就超过了1亿元。邮轮板块自2010年上线以来,获得了许多奖项,包括11次"皇家加勒比邮轮专家"荣誉奖章、公主邮轮2015年度海外航线优胜皇冠奖、国家旅业2015年"10大邮轮专家旅行社",同时还是地中海邮轮合作伙伴。美辰国旅在上海地区邮轮旅游和出境游市场有着很好的口碑和较大的业界影响力。

而这一切都源于一颗不安分的心。

徽州女人初入职场　崭露锋芒

熟悉历史的你一定听说过红顶商人胡雪岩,他是晚清富可敌国的著名徽商、政治家。而所谓"徽商"指的是明清时期,安徽省徽州府辖地经商的安徽商人。古时徽州山多田少,土地贫瘠,田产不足以自给。为了生存,一代代的徽州人只有外出经商,求食四方。徽州谚语:"以贾为生意,不贾则无望"。徽商又称"新安商人",俗称"徽帮",是中国十大商帮之一。鼎盛时期徽商曾经占有全国总资产的4/7,亦儒亦商,辛勤力耕,赢得了"徽骆驼"的美称。

徽州人自身具备的素质,比如富有商业头脑、灵活的经营方式、吃苦耐劳的创业精神等,是使徽州人能够走上经商之路,演绎一个又一个传奇的原因。同时,徽州男人背后的徽州女人也有鲜明的特点——贤妻良母。曾有一位徽商吴廷枚,女儿出阁时,他没有大操大办,而是写了 首《嫁女诗》赠送女儿:

年刚十七便从夫,几句衷肠要听吾;
只当弟兄和妯娌,譬如父母事翁姑;
重重姻娅厚非泛,薄薄妆奁胜似无;
一个人家好媳妇,黄金难买此称呼。

可见在徽州的传统文化中,徽州女人成为一个守家顾家的媳妇是非常重要的。我们故事的主人公汪美丽就来自徽州的一个小山村,她身上不仅传承了徽州女人贤惠的特点,还有徽州男儿的灵活头脑和吃苦耐劳的创业精神。

汪美丽婚后随着先生来到了上海。儿子和女儿的先后出生，给这个小家庭带来了无数的欢乐。先生在上海有一份不错的工作，生活算不上多富裕，一家人也衣食无忧。于是汪美丽就专心在家里相夫教子，生活平平淡淡，也很幸福甜蜜。一晃十年的光景过去了，小女儿也都可以去上幼儿园了，不再需要自己时时刻刻地照顾，这时原本就喜欢到处走走转转的她再也按捺不住自己那颗不安分的心，迫不及待地想要重新步入社会。

然而汪美丽是中专学历医学背景出身，离开行业多年的她，想要在上海找到与专业相关的工作并非易事。但她是一个非常热爱生活的人，喜欢生命中不断有惊喜、有精彩、有挑战，也喜欢战胜挑战之后的喜悦，而旅游就是带来快乐和惊喜的源泉之一。加之旅游行业进入相对容易，同时她也希望把自己的爱好和事业结合起来，于是她决定找一份和旅游相关的工作。那时是2006年，正好赶上我国旅游业大众休闲和国际观光快速发展的新阶段。

在前一年(2005年)8月，国家旅游局确定了"十一五"全国旅游业发展的指导思路和发展目标，将我国旅游开发战略调整为"大力发展入境旅游，规范发展出境旅游，全面提升国内旅游"，入境游和国内游成为发展的重点。另外，居民收入的增加也带动了消费升级。从国际经验来看，当一国人均GDP超过1000美元时，该国的旅游消费将开始启动。在2003年时，我国人均GDP已经超过1000美元，之后旅游业出现了爆发式的增长，旅游消费逐年上升。到2006年的时候，国内游总人次达到13.94亿，出游率为106.1%，总花费为6229.74亿元。

同时期，汪美丽所在的上海以积极筹办"世博会"为主题积极发展旅游业，实现了接待入境过夜旅游者超过400万人次，国际旅游收入 30～32 亿美元；接待国内旅游者达到 1 亿人次，国内旅游收入 1300 亿元人民币，旅游业增加值 511 亿元，占全市 GDP 7%。

在这样的背景下，汪美丽进入一家旅行社工作，成为旅游业发展浪潮中的一颗小水滴。刚进入公司，每个月工资只有 800 元。然而她并不甘心于此，于是找到老板许下诺言，要在公司当时最高业绩额的基础上有进一步的突破提高，以换得升职加薪。老板笑笑，似乎并不相信这个刚进入公司不久的员工的话，因为没有人能在短时间内达成她所设下的目标，但看着汪美丽"初生牛犊不怕虎"的样子，却也同意了。汪美丽给自己设定八个月的期限，8 个月后，她如愿拿到了八千多元的薪水，让老板不禁对她刮目相看。

或许是借着国内旅游业快速发展的东风，也或许是凭借汪美丽自身强大的洞察力和魄力，汪美丽在公司内创造了小小的传奇。

当时公司的周边游业务业绩一般，一个月只有几辆车接待两三百个游客。汪美丽觉得周边游的潜力不止于此，于是她进行了两点尝试：

一是帮助公司做精准的销售测算，形成良性循环；二是开发新路线。

开发第一条新路线是缘于汪美丽去山东日照看大海的一次难忘的旅游经历。通过那次旅游过程中的体验和观察，她认为线路拓展到山东是有利可图的。然而因为成本较高，老板有些犹豫不决。于是，她果断地向老板保证说亏了算她的，结果这条线路非常受欢迎，旅行社大赚。

这两点尝试都取得了成功，工作中的出色表现赢得了老板对她的信任，同时也获得了许多施展自己想法和创意的机会。之后她有机会跟随老板考察了上海周边千岛湖、雁荡山等地方，对整个江浙的资源有了比较全面的了解和把握。

2007年底的时候,汪美丽的工作能力有了很大的提高,她所在的公司在很多景区业绩都做到前三名,对于汪美丽来说已经没有挑战了。

2008年1月,汪美丽自己拥有了中国国旅的一家门店,这是她创业的一个起步。2008年5月,她开始正式接手店长的工作。后来在国旅系统内一次港澳游培训会上,她第一次接触到出境游。

中国出境游先后经历了1983~1996年的试办阶段、1997~2001年的初步开放阶段及2001年之后的快速发展阶段。到2007年底,中国开放的出境旅游目的地国家和地区已经达到了134个,公民出境人数达到4095.4万人次。出境旅游目的地以近程为主,按首站人次排序的话,中国香港、中国澳门、日本、韩国和越南居前五位。

当时中国国旅在上海有五六十家门店,彼此之间竞争很激烈。汪美丽天生就有一种不服输的劲头,对她而言,既然做了就要把业绩做到第一名。

怎样在激烈的竞争中脱颖而出?汪美丽虽非旅游专业出身,但树立了必争第一的决心。为了达成目标,汪美丽和团队成员制定了"一个中心,两个基本点"的战略,即以客户服务的满意度为中心,以不断开发新客户、持续维护老客户为两个基本点。他们不断改善服务流程,让客人感到温馨舒适;同时开始读各种书,以提高专业性。他们的努力起到了很好的效果,从5月进入国旅到次年3月,她就实现了自己的目标,在国旅系统的销售系统中排名第一。

汪美丽在国旅系统中持续排名第一的成绩一直保持到了2013年底她离开国旅。

摸爬滚打，上海弄潮

试水旅游

2011年，在国旅工作的同时，汪美丽接手了一家原名为"上海大鹏旅行社"的公司，成为这家企业的负责人，然后更名为"上海美辰国际旅行社"。她认为，在对的时间和对的人出现在对的地方，这就是旅游带给人们的美好时光，即是"美辰"。美辰也是她正式创业的地方。

美辰现在主要的业务板块包括出境游、美辰邮轮、签证办理和国内游私人定制。

出境游的线路开拓到了欧洲、美洲、非洲、中东、日韩、东南亚和大洋洲及一些海岛；邮轮航线有日韩、东南亚、地中海、北欧北极、加勒比海、南美洲、大洋洲、中东非洲、南极和环球航线；国内定制游也收录了许多重要的旅游城市如杭州、三亚、扬州、黄山和庐山等。

关于企业家创业行业的选择，有学者做过相关研究，结果证明，企业家的教育背景和之前的工作经验都会影响个体创业的行业选择。

据调查，女企业家的文化水平从整体上看属于中等程度，大专以上文化水平占60%，中学程度占40%①。蔡莉等人主要采取登门走访发放问卷、网上调查以及电话采访和利用报刊媒体等方式

---

① 关培兰.中外女企业家发展问题研究[R].武汉：武汉大学出版社,2003.

对长春市500家企业进行调研,其中有99位女性创业者。调查发现,这99位女性创业者的文化构成呈明显的倒U型,绝大部分女性创业者的教育水平处于高中和本科之间,初中以下和研究生的比例均偏小。具有中等学历的女企业家们在自己创业时大部分都会放弃那些需要高技能、高知识的行业,而选择进入一些中等甚至是低技术含量的行业①。

同时,因为服务业具有较低的进入障碍和退出障碍的产业结构特征,一方面能够有效地降低企业家创业风险;另一方面也有利于企业家创业的长期发展②,故而偏好相对低风险的女企业家倾向于把新型的服务业作为创业的首选。

出击欧洲

2010—2011年,国内对欧洲市场的旅游需求并不是特别旺盛,但美辰开始转战主攻欧洲市场。之所以作出这样的决定是因为欧洲的旅游线路做起来非常复杂困难,对专业性要求很高。欧洲有40多个国家,必须要把它们的各种繁杂信息包括交通、景点、购物、风俗、政策等都搞清楚,这样把复杂的产品做好了,客户只要到美辰,成单率就非常高。

在整理有关欧洲信息资源的时候,会以团队分组的方式对不同国家的信息进行搜集整理,然后大家一起分享学习,要求每个人都必须要掌握常规知识。信息分享学习结束后,团队还会不时以

---

① 蔡莉,赵镝,朱秀梅.女性创业特性研究[J].科学学与科学技术管理,2005(9):43-47.
② 李嘉.男女企业家创业行业选择差异的影响因素及其作用机制研究[J].科学学与科学技术管理,2010(2):183-184.

抓阄的形式进行抽查，大家共同回忆，共同学习进步。当时的团队有十六个人，不同的线路都是这样一点点做出来的。

但是让人难以想象的是，当时做出这些产品的人竟然没有一个真正去过欧洲。他们就凭着一股专业、负责的精神准确设计了各种路线，而且得到了客人的赞许。可以想象到的是做这种信息的搜集整理是非常辛苦的，并且不能出丝毫差错。因为客人到异国他乡去旅游，本就缺乏安全感，再加上许多游客在国外语言不通，如果出现什么问题，内心将会非常紧张和焦虑。

谈及"辛苦"，她认为辛苦肯定会有，但心态选择可以不一样。因此，他们将许多有趣的东西加入到工作当中去。比如把各个国家信息的搜集做成游戏的形式进行比赛，参赛小组分别给自己的队起一个队名，进行知识的比拼。第一名的奖励，并不是奖金，而是小红花。这时大家就像小朋友一样，不舍得小红花被其他的小组拿走。比赛的最后一名，会被画一只绿色的小乌龟。或许正是因为这样纯净的快乐，才支撑团队攻克一个又一个的难关。

开拓邮轮市场

创立了"美辰"品牌后，汪美丽随即决定建立邮轮板块，并作为公司以后发展的主要方向。2010年6月专业邮轮网站youlun.mcts.cn正式上线。

2008年，她和先生带着孩子去新加坡旅行。第一次乘坐邮轮，便喜欢上了这种旅游方式。在船上，可以把孩子托管在青少年中心或者儿童部，那里面有非常多孩子喜欢的东西。而大人们可以享受自己的二人世界。当时船上丰富的娱乐设施、无微不至的服务等都给她留下了深刻的印象，令她觉得邮轮是中国旅游业发展非常有潜力的一个方向。事实证明，汪美丽的判断是正确的，邮轮产业链蕴藏着巨大商机。

邮轮旅游出现于19世纪20年代，深受当时的社会精英分子青睐。在第二次世界大战中因为飞行技术的发展而衰落，到了20世纪下半叶，邮轮公司通过提高邮轮容量、改变航行周期、价格和路线，以及细分目标市场等新策略吸引年轻游客，邮轮旅游出现了全面的复兴。近20多年来，全球邮轮旅游发展迅速，成为引人瞩目的产业之一。据统计，1980年以来，旅游行业整体年均复合增速4%，邮轮行业则为8.9%。据统计，2015年全球邮轮行业客流量达2350万人次，产值396亿美元。到2020年底，全球邮轮游客有望突破3000万人次。

按照国际邮轮经济的发展规律，当一个国家或地区人均GDP达到6000美元以上时，邮轮经济便具备了发展条件。2014年，中国人均GDP已达到7485美元，北、上、津、广等7省市甚至破万，中国邮轮市场发展的经济基础已经形成。

我国现有5个主要邮轮港口，即天津国际邮轮母港、上海港国际客运中心、上海宝山吴淞口邮轮港、厦门邮轮码头和三亚凤凰岛邮轮码头。其中天津和吴淞口是中国邮轮母港的代表，尤其是吴淞口邮轮港，是目前亚太区域规模最大的专业邮轮码头。上海是中国近海邮轮航线和亚洲邮轮航线的"圆心"，在中国邮轮市场中占据了"半壁江山"。她拥有长三角巨大的客源市场，不断增长的消费实力，比较完备的立体交通网以及历史底蕴、现代要素。皇家加勒比邮轮公司、歌诗达邮轮公司、丽星邮轮公司及海航集团等四家邮轮公司相继投入了六艘以上海为母港运营的豪华邮轮。

自2006年起至今，邮轮旅游已经成为中国游客出境游的重要选择之一。中国邮轮市场吸引了世界目光,被誉为全球最有发展潜力和最大容量的未来市场。据中国交通运输协会邮轮游艇分会(CCYIA)统计,2015年全国共接待邮轮629艘次,同比增长35%;邮轮游客出入境2 480 454人次(124.022 7万人),同比增长44%。其中接待母港邮轮539艘次,同比增长47%;访问港邮轮90艘次,同比下降10%。乘坐母港邮轮出入境的中国游客2 224 209人次(111.210 4万人),同比增长50%;乘坐邮轮访问中国的境外游客256 245人次(12.812 2万人),同比增长4.7%。

同时,2015年初,韩国、日本对邮轮游客实施免签入境政策,中国邮轮旅游正式进入"免签时代"。

乘着邮轮业发展的东风,美辰邮轮也一步步发展壮大。截至2015年底,美辰邮轮已经荣获了十三次各种奖项,这都源于汪美丽和团队的认真经营,即便遇到困难,也能化险为夷。

2015年8月的时候,经营顺利的美辰邮轮遇到了麻烦。

美辰的客户原本计划乘坐皇家加勒比公司旗下的海洋量子号邮轮前往日本,因为台风的原因,突然改变航线前往韩国,船上一片骚动。同行的许多游客不满,向旅行社及邮轮公司讨要说法。因为不满邮轮公司给出的赔偿政策,许多游客做出了不理智的行为,比如写大字报,要求所有客人签名向船长施加压力等。听闻改航线的消息,汪美丽立刻赶到了码头,与自己团队随行的工作人员保持联系,采取了以维稳客人情绪为主,帮助客人在合理合法的条件下,为他们争取权益的措施,而不是通过过激行为解决问题。她快速地要求身处船上的领队到每一个客房去跟客人谈心,慢慢让客人理解这些不可抗因素给各方带来的影响,并表示船方是站在客人角度做决定的,同时船方给到的补偿也是基于他们慎重的考虑。如果客人不满意可以在回到中国后通过政府、旅行社、邮轮公司等提出自己的诉求。虽然到最后船上还是有小部分客人不理解，造成了罢船的结果，但是美辰旅游团的团员们都按时离开了邮轮。

而汪美丽就在码头一直和政府领导等候客人下船，把客人送到酒店，与客人进行协商，整个过程中和船上保持联系，配合得很好，承担起了旅行社的责任。很多游客表示虽然航线改变给自己造成了不便，但是美辰的做法令他们十分满意。

建立呼叫系统

2011年，美辰的营收突破五千万；2012年，团队三十六七人，业绩7500多万；2013年8月1日，是一个非常重要的日子，团队四十六人，业绩突破一个亿。

汪美丽与她的团队似乎一路上走得顺风顺水，但其中的辛苦和压力不断地挑战他们的神经。在2011年，美辰引入了呼叫系统，销售额增长率出现大幅下滑。

在引入呼叫系统之前，她对团队的管理还不像现在这样游刃有余，所有团队成员都在忙于做销售。这样就导致同一个顾客的多次造访，却由不同的销售接待，沟通成本大大提高。汪美丽深感其中之弊端，力排众议决定引入呼叫系统。

设立呼叫中心一方面为了梳理客户关系，另一方面为了提高效率。她认为，对于销售团队来讲，一个人跟单如果没有清晰完善的记录，就不便于管理及提速。而呼叫中心可以满足客户基本信息录入、服务要求整合、服务流程跟进等需求。这样一来，客户和客服的关系就梳理得非常清楚，不会出现向客户重复询问、同事间重复销售的局面,可以极大地提高与客户沟通的流畅性及员工工作效率。

但理想和现实究竟能不能完美结合呢?

最初,团队对呼叫系统一窍不通,便请来一个专业人员对公司的设备、程序设计、监管等方面提出改进建议,并进行质量监管,这个人后来对公司的发展也起到了非常重要的作用。

除了专业经验贫乏,汪美丽还面临着来自员工的压力。在引入呼叫系统之前,员工记录客户信息的方式简单随意,接听电话时氛围也比较轻松。而引入呼叫系统后,各种信息需要详细记录,每个人都必须带耳麦,电话要被录音。这极大地改变了员工的工作方式,对员工心理造成了压力,许多员工不适应,与汪美丽之间产生了很大的对抗。

这一年,美辰团队的销售额只有四千多万,是增长最少的一年。为此,在年终总结会上她表达了对团队的愧疚之情,但同时也跟大家保证,第二年要有至少50%的增长,自己也会全力以赴工作。

功夫不负有心人,2012年,美辰团队的人数增加到三十六七个,业绩达到了7500多万,其中呼叫系统起到了非常重要的作用,整个团队都沸腾了。

坚持自己认为正确的事,并努力去做,其他各种困难挫折,都是纸老虎,汪美丽如是说。

家庭事业双收惹人艳羡

"创业成功""家庭幸福""按时上下班""读书会""李清照"

"女强人""温柔女子""胆量""魄力",这些看似有些矛盾的词语,却可以神奇般地融合在一起用来形容汪美丽。

创业路上遇合伙闺蜜

在建立呼叫系统的时候,汪美丽请了一位做质量监管的专业人才帮助公司进行呼叫系统的建设。这位专业人才现在是美辰的副总,叫作沈燕萍。

沈燕萍之前并不在旅游行业,而是在移动通讯行业,在客服中心做管理,注重的是客服的培训和质量监控。一个比较偶然的机会经朋友介绍,得知汪美丽当时在一间规模不大的店面中建起一个呼叫中心,觉得她非常有魄力、眼光长远,敢做别人不敢做的事情,因为这在很多中小企业都是不可能的。但她不仅做了,还成功地做了下来。

2011—2013年,沈燕萍与汪美丽还属于业务合作的关系。在这两年里,沈燕萍对汪美丽有了更多的了解。沈燕萍认为,汪美丽作为一位女性,能够平衡家庭和事业,并且有胆量,有魄力,节奏快,对自己要求高,有足够的内在动力促使她想尽一切方法达到她想要的目标。在沈燕萍看来,这些特质和优点能够帮助汪美丽在这个行业里立足。

在2012年,汪美丽遇到很多困难,压力非常大,沈燕萍忍不住想要给她更多的支持和帮助。由于汪美丽个人魅力的感染以及对美辰未来发展的美好展望,沈燕萍在2012年底2013年初对自己工作做了一些调整,最终决定加入美辰。

当然,汪美丽并不是完美无缺的。她强烈的目标感帮她一步步克服了种种困难,同时也使得她在下属无法达到要求时反应激烈,不那么容易听进别人的解释。虽然工作很辛苦,团队成员们有时候也会抱怨,但他们总会在一些小瞬间里感受到她带来的温暖。

一位在美辰工作了四年的员工说,汪美丽总会给他很多启发,尤其是在遇到困难的时候,汪美丽经常主动和他谈心,带他走出困境,在他犹豫时,给他很大的支持。汪美丽一直是他寻求发展和学习的目标,他从一个小小的业务员做起,所有的进步都是从汪美丽那里学到的。

在美辰,工龄达到三年以上的员工占到60%以上。

生活的把控者

据调查,三分之一的女企业家认为,专业知识不足是创业面临的最大困难,13%的女企业家认为,最大的困难是管理技能不足,28%的女企业家认为,需要更多的专业知识技能①。同样,汪美丽也遇到了知识贫乏的问题,于是开始了学习之路。

入职场之初,因为业务需要,汪美丽工作之余坚持去学习电脑操作和各种办公软件。从2009年开始,汪美丽深感自己知识的不足,于是开始了持续广泛的学习之路。她先是直接去上海交通大学读了EMBA班,然后又在社会上听各种课程,不管是管理类、销售类或是其他的课程,基本上每个月都会有两三天的时间去听一次课。

后来,她在一位客户的带动下定期去参加读书会,在与闺蜜聚会时也会交流自己读的书。有时候上下班的路上,汪美丽坐在车里,也会翻出书本忍不住看一会儿,基本上保持每周两三本书的阅

---

① 关培兰.中外女企业家发展问题研究[R].武汉:武汉大学出版社,2003.

读量。而一些不必要的应酬活动,她不愿意参加的时候就会听从自己的内心,恰当地规避。

汪美丽不仅钟爱让自己汲取知识的养分,爱分享的她同时也会组织公司内部的同事经常在一起学习。公司内部培训每年都不会少于十场,基本是每月都有。无意之中将公司打造成了一个学习型组织,为公司助力不少。

作为一名创业的女性,在工作和家庭生活之余,她总能坚持去做自己想做的事情,把握自己的生活节奏。她能实现这样的生活方式是有秘诀的。

汪美丽从上学时就有一个习惯,每天做总结。那时候她想拿第一名,又不想别人看到她很努力,就每天晚上像过电影一样回顾白天的知识,想不起来了就翻书,这个习惯一直沿袭到生活的各个方面。

她认为生活可以分为四个象限,这四个象限是她的运动或者健康、学习、工作、家庭。虽不一定是每天都做记录,但是频率很高。一页页地记录下来,即便过去了很久,只要打开手机,翻开小小记事簿,就能回想起自己当天四个方面的情况是怎样的。这是她觉得自己可能和别人有所不同的地方。

她觉得,人也像车一样有四个轮子,身体、学习、家庭、事业。身体排第一位,身体与饮食、锻炼、休息、情绪等各方面因素有关。如果有一天你觉得自己的情绪很糟糕,就要反思是什么原因导致自己感觉很糟糕。

另外,她对时间的把控力也令人惊叹。尽管工作十分繁忙,但她还会每天五点多钟就下班回家陪女儿。这是因为她对时间和事情进行了一些选择,过自己想过的时光,做自己想做的事情。比如一些聚会、纯粹的应酬是不参加的。但她会保持与朋友的交流,与闺蜜一起读书、吃饭、喝酒、聊天。如果你发现自己完全被工作困住了,你就要反思是不是哪些方面出现问题了。

家中的温柔女子

汪美丽的智慧不仅体现在工作中,还体现在她对家庭关系的处理上。她的家庭很幸福,这对于创业女性来说是很难得的。

她说,对于女人而言,爱情是非常重要的,然而即便是最轰轰烈烈的感情,也会随着生活中的各种琐事矛盾而平淡下来。这时不管对方怎样,作为女性她会去主动创造自己想要的生活,不时送给先生一些礼物和惊喜,为生活添加各种小乐趣。

她经常和先生沟通,但也会留给彼此足够的独立空间。晚上回到家,先生看电脑,汪美丽看书,各自都有自己的事情,同时也都有各自的朋友圈。她会带女儿出去度假,把先生自己丢在家里。她虽然看重家庭,但也认为,夫妻之间必须要是独立的个体,不是对方的附属品,甚至孩子也不属于自己,但是关乎家庭时是必须相互支持与付出的。即便汪美丽的事业追求、经济大权都属于她自己,但是她同样需要他。

同时汪美丽和先生一直非常相信彼此。在遇到一些自己欣赏的异性时,她可以毫无顾忌地和先生讲;先生经常出差在外,她也不会担心,说让先生每天回来都能看到一个很快乐的女人是很重要的。和先生一起上班,她就会在路上读李清照的词给先生听,希望通过这种方式让先生感受到自己的世界。如果双方有很多情感的交融,相信即使到了八十岁,双方也都还是很有魅力的,她笑着说。

汪美丽强调说,她从来不认为自己是一个女强人,而是一个女人。而作为女人,家庭是一切的基础,如果家庭不幸福,在外面做得再成功也是有遗憾的。她幸福的秘诀就是努力像水一样柔美坚韧,兼容并蓄。

 胸怀理想,乘风起航

美辰目前的足迹已经踏到欧洲、美洲、中东、非洲、东南亚、大洋洲的许多国家及地区,国内也有许多产品线。

美辰的客户约70%来源于线上企业微信号、手机网站、PC端的网站宣传活动等,10%来源于线下活动的转化,比如参与旅游局组织的旅游宣传,与非旅游企业一起做营销等,还有20%的客户来源于外呼,来源于美辰的老客户。美辰的老客户一直占到总客户量的三分之一,客户满意度很高。

之前在常规的出境旅游板块,市场竞争很激烈,携程、途牛、同程这些大电商,在价格上占据着非常大的优势。在这种局面下美辰能够站稳脚跟并不断地成长,靠的就是他们的服务理念。美辰提供的是管家式服务,对于每个来到美辰的客户,员工都不会只是电话联系,而是尽量邀请客户到门店来,进行一对一服务。这样可以增进相互之间的感情,可以建立彼此的信任。在产品方面,美辰会选择优质的地接、供应商等,为客户提供最好的体验,所以在美辰基本上是零投诉。

2015年12月,美辰加入同程旅游。

同程旅游创始人、总裁马和平先生表示,"美辰国旅是上海地区一家非常优秀的旅行社,与同程有着相近的创业文化基因和共同的价值观。未来将用同程旅游的休闲旅游大数据和移动端平台帮助美辰国旅实现运营模式的全面升级,使线下和线上实现高度融合。"

对于美辰未来的发展,汪美丽很有压力,同时也充满信心,希望未来可以让邮轮板块成为美辰的方向标,成为行业里的佼佼者。美辰现在对于每一板块都会进行深度挖掘,比如邮轮板块,挖掘远洋航线,如地中海、波罗的海、南美洲等,同时提高专业性。

她最终的目标就是能给客人提供"深呼吸能够体味一辈子"的产品,不在于做的有多大,而在于做的有多深,给客户力所能及的最高体验。同时也努力提高公司团队的价值,不拼营业额,而是把自己的每一件事做好,在未来有能力生存,并且能够更好地生存。同时也希望在美辰工作的每一个员工是快乐的,享受在美辰工作的点点滴滴,深呼吸都能够体味一辈子。

相信在我国旅游业快速发展的大背景下,乘着同程的东风,美辰的发展会越来越好,汪美丽也能实现自己给别人带来快乐的愿望。

轻户外　重社交　深度游
——记一村网 CEO 王嘉睿

不同于江南女子的精致，本文的主人公王嘉睿是个典型的北方姑娘。初次见她的时候，只见她顶着一头帅气、利落的短发，手上戴着普通的珠串，中性的打扮，简单、大方的样子，人还没有说话，你就知道这是个性格大气、直爽而干练的北方女孩。所以，在了解她创办了一个主打轻户外旅行产品的一村网后，并没有感觉很突兀，只会认为短发、直爽、干练、户外这些元素拼凑在一起，是自然而然的事情。

 山重水复疑无路，柳暗花明又"一村"

2014年9月，李克强总理在夏季达沃斯论坛上首次提出，要在960万平方公里土地上掀起"大众创业""草根创业"的新浪潮，形成"大众创业、万众创新"的新态势。此后，他每到一地考察，都要与当地年轻的"创客"会面，希望激发民族的创业精神和创业基因。在这一政策的推动下，各行各业的创业浪潮也不断高涨。其中，集聚规模庞大的小微企业的最具活力的旅游业也不甘落后地参与进了这场"互联网+"时代的大众创新中，"慧评网""穷游网""舌尖旅行""周末去哪儿网"等一大批创新创业企业涌入蓬勃兴起的旅游市场。王嘉睿创建的"一村网"也是这风起云涌的浪潮中的一朵美丽的浪花。

"一村网"的名字由来于宋代著名词人陆游《游山西村》的名句:"山重水复疑无路,柳暗花明又一村。"那一重重山,一道道水,山水迂回曲折,旅人穿行其中,虽心有困惑却惊喜于桃红柳绿,好一幅乡野春色,叫人如何不流连忘返?

非法一日游是困扰北京旅游市场的顽疾。信息不对称导致经营者和游客的脱节。面对日益兴起的城市乡村旅游,迫切需要规范、专业的运营机构。一村网于2014年创立,致力于提供北京周边游在线服务和北京周边游旅游信息分享社区。主要为居住在北京市内、北京周边区县,以及北京周边市场有周边游需求的网民提供全面的北京周边游指导。面向以北京为中心的周边市场,行程以1~3日为主,产品主要包括北京市内游、郊区游、周边城市游等。一村网提供的产品主要特征是轻户外、重社交、深度游。

 轻户外　重社交　深度游

王嘉睿最初选择户外旅游产品,是因为自己喜欢玩户外,如登山、徒步,所以将兴趣与创业结合了起来。此外,目前户外运动旅游市场的火热也是其创业的主因。

户外运动是集健身、旅游、探险、娱乐等为一体的休闲体育旅游活动,其目的就是放松,通过运动休闲驱散疲劳,释放生活和工作压力，获取真知①。同时，户外运动是一种带有探险挑战性质的运动，包括徒步及器械穿越、负重行军、徒手及器械攀岩、洞穴探险、峡谷运动、河湖横渡、野外生存、拓展溯溪、速降、漂流、山地滑雪、登山等。

　　户外运动在国外已经相当普及。国外的户外运动最早可追溯到16世纪的欧洲。随着工业革命的兴起，英国新兴资产阶级为了解决由大机械生产节奏加快及城市人口剧增等产生的一系列社会问题，在全国积极推行发展户外运动和游戏，并很快传到了美国、法国及其他国家，但这一时期的户外运动大多停留在观光层面，真正具有现代意义的户外运动产生于19世纪下半叶，徒步旅行开始盛行。1857年，世界上最早的户外运动俱乐部在德国诞生。第二次世界大战后，随着战争的远离和经济的发展，户外活动开始走出军事和求生范畴，成为人们娱乐休闲和提升生活质量的一种新的生活方式。

　　目前，在欧美国家，参与户外休闲活动的人数占参与娱乐休闲活动总人数的40%以上。在希腊等多山脉、户外运动历史悠久的国家，这一比例甚至高达80%。美国近1.43亿人（占美国总人口49.2%）每年至少进行一次户外运动，其中四分之一的发烧友甚至每周进行两次户外运动，最受欢迎的项目包括慢跑和越野跑。法国人每年在运动方面的花费超过270亿欧元，占国内生产总值近2%。英国全国有400座以上的人工攀岩地点，在亚洲也有不少国家大力发展户外运动，如在日本很多景点都设有户外休闲娱乐项目和设施，以登山和水上运动等项目为主，新加坡也开始致力于发

---

① http://www.chinaispo.com.cn/info/trends/16295.html

展体育旅游项目。21世纪初,经济观察家曾预测了21世纪7个最佳的投资方向,其中之一便是"休闲运动将大行其道,成为人们生活的重要内容"①。

一村网第一大特点是轻户外。户外运动在国内还处在起步阶段,起初一些有钱又有闲的人接触的比较多,因为户外运动对体能、装备、知识储备都有很高的要求。但随着健身风潮的兴起,人们对户外运动的热情日益高涨,所以跟户外运动相结合的轻户外旅游方式,开始受到人们的追捧。所谓轻户外旅游的概念,就是将一些轻度的、基础的户外运动结合在旅游线路里,既能亲近自然、愉悦身心,又能体验户外运动的魅力,老少皆宜,不需要太强的体能和知识储备,对装备的需求也相对较为基础。

我国户外行业处于高速发展的爆发期。2014年,全国已登记的户外俱乐部超过3万家,国内参与户外运动的人次累计超过2亿人次。而随着收入水平的提高与带薪休假制度的完善,人们对十旅游、休闲、自驾等户外运动的需求必然会进一步增加。同时,西方发达国家的发展经验表明,户外运动人群最终可以占到国民总人口的一半乃至三分之二。按照这个标准,中国户外运动人群规模距离顶点还有很大的发展空间。因此,户外旅游市场极具投资潜力。一村网主要提供面向中青年团体的轻户外旅行产品,以徒步和露营为切入点;同时根据顾客的需求,会提供一些包含酒店的套餐产品。

一村网提供的产品第二大特点是重社交。小米创始人雷总在总结小米半年过100亿的秘密时,曾经提到,"小米秘密背后的真

---

① http://mt.sohu.com/20160124/n435672203.shtml

正秘密是小米销售的是参与感。因为参与感,才有了百万级用户参与粉丝经济学;因为参与感,所以制造了很多让人看不懂、甚至是毁三观的扭曲立场,小米内部人称之为'用户扭曲立场'。"现在是服务经济时代,用户体验和认可是王道。要想获得用户的认可,必须与用户互动,让用户参与进来,在旅游中加入社交的因素。

拥有10多年互联网销售和营销经验的王嘉睿也深谙此道。截至目前,一村网已经积累近十万的粉丝。在采访王嘉睿的过程中,我们问王嘉睿一村网成功的秘诀是什么?王嘉睿回答是与用户互动,获得用户的认可。她给我们举了好几个例子。一是非价格竞争。她提到,在旅游线路设计及安排时,传统旅行社往往关注价格竞争,通过低价获得客人。但一村网并不强求低价。她说,"有时顾客对我们的价格并不是特别的敏感,别人报89元我们报99元,用户却选择跟我们走,这是一个比较值得自豪的地方。而且用户还会自发地在朋友圈留言赞赏我们,这是我们最喜悦的时候。"二是细微服务。或许是女性性别特点的原因,一村网提供给用户非常细致的服务,也因此得到用户的认可。在户外徒步遇到下雨时,会为顾客提供一次性雨衣,有时雨衣不够时,领队还会把自己的雨衣借给顾客。而用户也给予了相应的回报。

据王嘉睿的介绍,用户里面的铁粉,有的会在自己旅行时,自发地带着一村网LOGO,碰到人会劝其扫码入群,主动帮其宣传;有的粉丝会在朋友圈自发地加以赞赏;还有个老人刚做完直肠癌手术,但是想要出去玩一下,一村网领队在带队时,对老人很是照顾,老人成为一村的铁粉。

一村网团队与用户之间不再是单纯的B2C的关系,他们之间已经建立了情感的纽带。现在,一村网微信群会有粉丝自发进行管理,粉丝也主动邀请人加入微信群。在旅游当中加入了社交因素,提升了旅游的体验,也改变了游客与商家之间的关系,这是对双方互利的结果。据王嘉睿所述,"一村网为游客提供的产品拥有俱乐部的氛围,但是高于俱乐部的形式。拥有俱乐部的氛围,暗示了社交的因素在里面;而又说高于俱乐部的形式,一方面是因为一村网不是为少数团体提供服务的,它的服务对象是所有对轻户外旅行感兴趣的旅游者;另一方面是因为一村网是个品牌,需要广泛的人群认可它的理念、出行方式等。"

  第三大特点是深度游。户外旅游区别于常规旅游的一点在于它可以让游客与户外密切接触,而不再是走马观花式的旅游。现在常规旅游、观光旅游,由于同质化现象特别严重和看完了就走等特点,很难提起游客"重复旅游"的兴致。所以个性化深度游势必会越来越受青睐。一村网为使游客获得深度游的享受做了很多努力。

  首先,一村网配有专门的内容指导和培训师,为游客提供丰富多彩的行程规划的同时,配备服务意识极强的带队人员,确保旅游充实并快乐。其次,一村网通过非常严格的标准寻找户外旅游的老手,他们有的带队骑行过西藏、有的玩绳索玩得很好,总之很会玩户外。有他们做领队,在确保旅游深度的同时,又保证了行程的安全。最后,一村网提供的旅游产品中有许多特色的活动。通过组织团队成员做一些有趣的游戏,如简单的老鹰抓小鸡、"桃花朵朵开、你要开几朵"等游戏,让欢声笑语伴随整个团队,旅途的疲惫一扫而光。消除了陌生、沉闷的团队氛围,原来互相不认识的你、我、他,好像忽然间熟悉起来。社交使旅游更添了深度。

不畏辛苦创业路

正如她帅气的中性打扮一样,王嘉睿绝不是个不堪风雨的娇娇女。在不断完善自己、追求卓越的道路上,她遇到很多困难,但是始终没有停下脚步。

王嘉睿是个80后女孩,最初学的是国际贸易专业。在世纪之初,王嘉睿走出了校园这个象牙塔,开始接受社会对她的洗礼。一开始父母给自己介绍了一份在图书大厦的工作,很清闲,但是对王嘉睿来说,那份工作过于安逸和无聊了。更何况彼时的王嘉睿正值青春年少,满怀激情地想自己折腾一下,想要用自己的双手打拼出属于自己的天空。于是她硬是辞掉了父母介绍的工作,义无反顾地走向寻梦之路。这一寻就是十几个年头,直到现在王嘉睿依然没有停下拼搏的脚步。

王嘉睿最初从事是互联网销售的工作,卖广告位和搜索引擎位,底薪只有300元。王嘉睿回忆说那时是最苦的时候。当时,很多人对她的做法表示不理解,作为北京姑娘,家里有人给你介绍工作,干吗要赚这个辛苦钱。但是,王嘉睿说依靠别人给自己找工作并不是自己想要的,她有自己的梦想,而且她的性格也不允许她这么做。经过两年多的辛苦拼搏,王嘉睿做到了销售总监的位置,手下管着几十号人。与此同时,搜狐搜索曾来挖墙脚,想让王嘉睿加入搜狐。但是,王嘉睿并没有去,她骨子里仿佛有不安分的基因,不想到大公司受束缚。

不过,王嘉睿也没有在销售总监岗位上待太久,很快她辞去了销售总监的工作,开始了她的第一次创业体验。这次创业不是她发起的,而是帮一个朋友的忙,内容包括网站的搭建、维护及与客户互动等,而她负责销售管理工作,就这样四年的时光过去了。之后,王嘉睿与朋友合作做起了营销,利用微博这一社交工具,制造影响力。从互联网销售到网站搭建,再到移动社交营销,王嘉睿在互联网扎下了根,不仅仅积累了专业技术能力及经验,同时还有人脉基础。

2013年,出于对于户外旅行的喜爱,借由之前的互联网人脉基础,王嘉睿加入了旅游创业协会,想要在旅游界施展拳脚。于是2014年有了一村网。在回顾自己的创业史时,她调侃地说,"我是草根创业,没有大公司工作的经验。"但是,条条大路通罗马,她凭借在小公司工作的全方位经验及不断拼搏的勇气及毅力,得到了更多及更全面的历练,这相较于从开始就步入一个高起点显得更为难能可贵。

创业才知其中甘苦。在创业的过程中,她遇到无数的心酸、无奈及艰辛。首先是在创业之初。由兴趣而起转而跨行做旅游,王嘉睿最初也是如刚毕业的大学生找工作一样,内心充满迷茫与无助,举棋不定。在创业协会中找到了人合伙做户外旅游,王嘉睿负责线上,另一人负责线下。10多年积累的互联网工作经验,使得王嘉睿对于线上操作驾轻就熟。但是,随着业务的不断扩大,两位合伙人关于未来发展的想法产生分歧。王嘉睿将目光投向了移动互联网,开始运营微信公众号,合伙人却意不在此。2013年底,两人的合作终止。此时,正是移动互联网发展方兴未艾的时候,据报道2013年微信用户规模已达到6亿人次,微信作为聊天工具凭借它的用户规模已具备商业化基础。王嘉睿朝着既定的目标前进,在运营微信公众号的过程中,王嘉睿也找到了现在的合伙人,并于

2014年初创办了一村网。

　　其次是在创业初期。据王嘉睿的介绍,在创办初期,公司的资金并不十分充足,尤其在北京这样一个一线城市,各种办公成本很高。为了节省成本,一村网创始团队共有不到10个在职人员,维持初创时的规模。有时,户外带队缺人时,她还要时不时地兼任领队、导游,带团进行户外游。对女孩来说,这是件很辛苦的事情。户外旅游要经受风吹日晒雨淋,还有北京的堵车、航班晚点、早起、晚睡,面对投诉压力等。作为CEO,王嘉睿还要处理各种烦琐的公司事务。当被问到既然那么辛苦,为什么要创业时,王总给的回答是,"我喜欢通过自己的努力完成一件事情,这个过程让人很愉快。"

　　于是在不断的拼搏与磨炼中,王嘉睿也在不断地学习与成长。王总说,现在她的自我修复能力很高,因为时不时就会受到打击,如公司内部沟通问题、顾客和供应商的打击、目标没达成的打击。面对这些,要有"小强精神"。同时,面对烦琐的公司事务,王嘉睿也非常注重自己的时间管理,做事情也更加果断与干练。我们在采访她的三个多小时中,她特地将中餐和访谈放在一起,我们边吃边聊,很好地利用了时间。而且她特别选择了位于地铁附近的小咖啡屋,利于双方交通,这在堵车成了家常便饭的北京可是一大诀窍。她不愿意开车上班,乘坐地铁既环保,更节约时间,她总是最大限度地将时间用在有价值的事情上。

 稳扎稳打　步步为营

　　为了控制成本,目前一村网只维持不到10人的团队规模。有人会问，那为什么不选择融资？现在互联网烧钱是行业惯例。其实，之前王嘉睿也考虑过融资的问题。但是，经过与投资人的交涉，王嘉睿发现，按照投资人的想法，一村网现在肯定无法达到如此高的利润率去维持投资者的高期待。而且要依靠持续"烧钱"，才可以走下去。一旦投资人不追加投资，那么一村网就很可能走向失败，这是有悖于王嘉睿的初衷的。所以，王嘉睿并没有急功近利、着急融资问题，而是要稳扎稳打地走下去。每个人对成功都有自己的定义，有人认为公司可以上市即谓成功，还有人认为公司拿到A轮或C轮融资是成功，但在王嘉睿看来，把公司经营好，不亏钱即谓成功。盈利的企业依然可以拥抱资本，而实际上，一村网现在已经成为创业企业当中为数不多的已盈利企业。要知道2014年的在线旅游业基本上可以用两个字来形容——"烧钱"。根据在线旅游四大公司2014全年财报数据显示，只有携程维持盈利，净利润高达2.4亿元；其余的在线旅游公司全线陷入亏损，去哪儿全年亏损18.5亿元，亏损同比增加886%；艺龙全年亏损2.69亿元，亏损同比增加60%；途牛全年亏损4.49亿元，亏损同比增加432%。另外，尽管在国家政策号召下，每年有很多创新企业出现，但是每年也有很多创新企业消失。一村网能在这样的"烧钱"大战中保持盈利，与创始人稳扎稳打的经营管理方式分不开。

　　作为女性创业者，王嘉睿敢拼搏，但是又很务实。也因此，在谈及成功和幸福的标准是什么的时候，她说自己并没有设立很高的目标，"十几个人，每个员工拿到满意的工资，公司发展形成良性循环"就可以了。她表示，目标要从小到大，一步步完成。

没有因为一时的成功而不思进取、得过且过，而是不懈进步、永不停歇；有锐意进取的豪情壮志，又不缺求真务实的耐心经营。这就是王嘉睿。现在一村网正在考虑注册近郊徒步（Country Walk）和露营的品牌。我们期待，借户外旅游的东风，一村网越走越远。

理性任逍遥
——记大鱼CEO姚娜

"北冥有鱼,其名为鲲。鲲之大,不知其几千里也。"自由行就是逍遥游,这种恢宏的臆想得到了姚娜的青睐,因此她果断将自己的公司取名为"大鱼"。大鱼成立于2013年,是一家致力于"让出境自由行更简单"的旅游O2O公司,为用户提供境外非标准住宿在线预订服务。

提起"大鱼"两个字,很多人都会想象出一条大鱼自由穿梭在大海中的画面,这种感觉就如同旅行一般,心灵同身体一同在路上,逍遥而又自在。然而更逍遥的是,你可曾想过"边旅行,边赚钱"的美差?大鱼公司的团队就通过他们不懈的努力,让"边旅行,边赚钱"不再仅仅作为一个概念存在,吸引用户主动参与到产品创造中来。在此过程中大鱼不但玩转了"价值共创"这种理念,还渗透了当下火热的"共享经济"模式。

 逍遥游的灵魂——价值共创

如今,企业越来越关注与顾客一起创造价值,即如何同外部顾客共同生产,以保持竞争力,从而体现服务主导逻辑(service-dominant logic)的重要概念。服务主导逻辑是 2004 年 Vargo 和 Lusch 在《市场营销新主导逻辑演化》(*Evolving to a New Dominant Logic for Marketing*)中提出的,他们认为顾客是主动的操作性资源,企业应同顾客进行深入的沟通和互动,这是对传统产品主导(good-dominant logic)的重大改进和发展。在产品主导逻辑中,价值是由企业主导的,顾客是价值的破坏者或消耗者。顾客和企业只是处于交易层面,来实现交换价值。而在服务主导逻辑中,交易的基本单位是服务,价值是由顾客和企业共同创造的。

尽管大鱼自身或许并没有有意识地按照相关理论来建设企业,然而,他们在行动上却较好地将这一理念诠释在日常工作中。大鱼将价值共创视作一个有机连接的过程,从前期的共创平台到中期的激励手段,再到后期的共创分享空间,提供一整套运作模式,让用户得以参与到公司生产中来。三个阶段分别对应三种产品——大鱼"猎人计划"、大鱼"股东计划"和"大鱼咖啡"。它们紧密联系在一起,完美塑造了大鱼"逍遥游"的灵魂——价值共创。

共创平台——大鱼"旅行猎人计划"

旅行也能赚钱!共创平台是企业在前期所提供的吸纳顾客参与企业产品生产、创造过程的平台。大鱼创始人姚娜首先提出有没有可能让大家"边旅行,边赚钱",经过团队反反复复的讨论和试验,大鱼"旅行猎人计划"诞生了。在这个计划中,用户在旅行过程中如果发现一些有特色的、大鱼网站上还没有出现过的民宿,只需要拍几张照片,按照要求上传到"旅行猎人计划"当中去,一旦通过大鱼后台审核,用户每提供一个特色住宿就可以获得 150 元到 200 元的奖励,而且这些奖励是可以提现的。如今,大鱼的此项产品已经发展成为专门的"旅行猎人（TY-Hunter）"项目，全称为 Travel Resource Hunter。这个刊载于2016年4月1日《新京报》上的醒目专题绝对不是愚人节的活动，而是要致力于打造旅游业的 Uber、滴滴。海外旅行者或者久居海外的华人，可以通过这个平台分享旅行经历，目前已有5000余猎人加入其中。猎人们通过完成不同等级的"狩猎任务"（照片拍摄、资料录入、谈判签约、后期维护等）可以获得5到200元不等的奖金，一边全球旅行，一边疯狂赚钱！大鱼的这一实践很好地为用户提供了一个平台，用户可以通过这个平台加入大鱼住宿产品的发现者之列，也可以和志同道合的旅行达人分享经历。

大鱼的所有产品，无论是台湾的还是日本的，都来自于他们的旅行猎人，都是猎人发掘采集验证后上线的。大鱼台湾分公司的员工，都是早期招募的旅行猎人，后来成为了正式员工。这是大鱼拓展供应商实实在在所倚仗的，也被证明是有效的众包模式。大鱼凭借这种众包模式，通过发现境外目的地的住宿资源，用互联网化的产品快速收集上线，也解决了行业目的地资源管控的一大痛点。大鱼希望的是鼓励用户去分享美好的东西，再让其他用户去体验这些美好，这个计划可以让每一个客人都成为大鱼新鲜线索的发现者。

共创激励——大鱼"股东"计划

分享即成股东！共创激励是企业为了吸引更多的顾客参与企业生产所进行的激励手段。股东在某种程度上就是"分红"的代名词，不同于传统企业董事会形式，大鱼的每个用户都可以成为大鱼的股东，赚取分红。大鱼通过这样一种和用户共享收益的激励方式来鼓励用户和自己一起推出更有特色、更受消费者欢迎的住宿产品。

大鱼"股东计划"是这样描述的：注册为大鱼的用户之后，到住宿的界面挑选自己喜欢的民宿进行分享，用户会得到一个属于自己的专属分享链接。凡是通过这个链接再注册成为大鱼用户的人就成为了分享用户的种子用户。种子用户们只要在大鱼网站下单预订民宿，原始分享用户就可以得到订单总额的5%作为分红，分红永久有效且无上限，满10元即可提现。事实证明，这种激励取得了显著的效果，很多人都通过大鱼"股东计划"赚取经费，继续上路。

共创分享——大鱼咖啡

我有咖啡，你有故事吗？共创分享是企业后期在产品消费之后，通过顾客体验分享的方式，收集顾客产品信息反馈的过程。2015年4月，大鱼咖啡在北京三元桥诞生，这是大鱼自助游为热爱生活和旅行的人群提供的分享和交流的新空间。这种分享不仅把大鱼与逍遥游的顾客、顾客与顾客紧密结合在一起，更为大鱼后期的产品开发和设计提供了更多的灵感源泉，是价值共创的后期分享机制。

大鱼咖啡是一家以旅行为主题的咖啡厅，倡导主题为"旅行的另一种可能"。咖啡厅由姚娜在清华大学的85后师弟设计，装修采用的均是环保材料，充满了后现代主义的韵味。咖啡店内没有服务员，倡导大家自助取餐。大鱼咖啡提供免费的场地和设备，通过大鱼的微信以及网站，旅行者们可以到这里来参与、发起和实施分享活动，既可以聆听旅行达人的故事，也可以分享自己奇异的旅行经历。大鱼咖啡还会定期放映旅行主题的电影,播放内容由顾客来决定。带上影片邀请朋友来放映,打造专属自己的私家影院。从你走进大鱼咖啡开始,你就会感受到旅行的氛围。在这里,你可以结识爱旅行的朋友。这里的每一杯咖啡,都独具异域口味,也有其独特的旅行故事。一边是在路上的旅行,一边是停下来的分享,咖啡与旅行故事,总有一种不解之缘。

共创渗透——共享经济

不难发现,不管是前期平台提供的"猎人计划"和"旅行猎人"项目里旅行者给大鱼分享新鲜的住宿,激励机制中"股东计划"里用户为更多在路上的人分享自己喜欢的住宿、大鱼与用户分享收益,还是后期分享机制中大鱼咖啡厅里热爱旅行的人共同分享旅行故事,"分享"都是贯穿始终的重要行为。分享是心灵交互的一种碰撞,在这个过程中会产生很多美妙的火花。这些火花熠熠生辉,闪烁在大鱼的新产品、新理念当中,也激荡着"共享经济"的浪潮。

行销实战怪杰蔡余杰和北大教授黄禄金在其《共享经济——引爆新一轮颠覆性商业革命》一书中说过这样一段话:"如今'企业就是企业,消费者就是消费者'的传统观念已经逐步淡化。借助互联网消费者可以'一人饰多角',既是消费者,又扮演了生产者、卖家、财务专家等多种角色。共享经济已经逐渐取代传统的商品购买和服务方式,以其便捷高效且价格低廉的平台优势成为消费者满足自身需求的新方式。"由此也可以解释价值共创突破传统经营者与消费者之间固定单一角色和关系的来由。在这个自媒体时代里,共享经济有多重要。杰米里·里夫金在自己的著作《零边际成本社会》中也说过:"'共享经济'概念被认为是颠覆资本主义、实现共产主义的又一个新经济形态。"

所谓共享,在Airbnb首席执行官布莱恩·切斯基看来,体现的是一种"使用而非占有"的思想,在实际操作中是对剩余资源的利用。大鱼所做到的共享,是共享平台获取信息、共享旅行经历和照片获取奖励、共享旅行故事获取创造力,最终实现了企业与用户共享收益。

在这个过程中,不管是价值共创,还是共享经济,企业都必须克服顾客专业度的问题,而非任何鱼目混珠的信息都可以进入企业而扰乱企业生产的正常秩序。大鱼之所以能在这一点上取得成功,凭借的是大鱼"猎人计划"和"股东计划",这两个计划自动帮助大鱼对信息进行了过滤和筛选。尤其是那些赚取收益比较多的人,他们都是旅行经历十分丰富的自助游达人,本人都会通过大鱼的应用预订民宿,凭借自己的住宿经历分享更具特色的好民宿给别人。在自己赚取更多收益的同时也给大鱼带来良好的声誉和更高的可信度,由此良性循环。

住宿新时尚——非标准住宿

当然,除了上述三种延伸产品之外,大鱼也有自己的基础核心业务——境外非标准住宿信息整合与预订。

非标准住宿是一个从业界而非学界叫出来的概念。它有别于传统酒店,是由个人业主、房源承租者或商业机构为旅游度假、商务出行及其他居住需求消费者提供的包括床、卫浴,以及更多个性化设施及服务的住宿选择。这些业态丰富多元,包括客栈、民宿、公寓、精品酒店、度假别墅、交换住宿等，也有争奇斗艳的小木屋、帐篷、房车、集装箱等。根据艾瑞咨询的《中国非标准住宿市场研究报告2015》，2011年以来，大众出游率的提升产生巨大住宿需求，住宿需求渗透进一步加深，并向更为个性化、经济化的细分市场延伸，促成住宿向个性化发展，客栈、民宿等非标准住宿成为用户多重住宿选择中的优选之一。由于非标准住宿业态的分散性，给互联网平台提供了广阔的市场空间，在线非标准住宿垂直预订企业出现，线上预订方式也从单一的网站预订向满足碎片化需求的移动端发展。直到今天，非标准住宿市场优质服务的用户诉求开始催生高端及定制化非标准住宿市场。

在大鱼看来，非标准住宿的核心竞争力在于它体现的是当地人、当地特色、当地生活理念，融入了主客关系高度互动，主人在经营方式中透露出自己的生活方式和生活态度。这些企业雇佣的员工大多是自己的家人或者外面的几个管家，但他们一定不是采用酒店的标准运作模式。

也正是因为这种非标准的运作模式，他们在经营过程中会遇到很多问题。首先，企业中的员工往往一人身兼多职，不像大企业那样每个管理岗位都配置人员，因此他们在这个产业中所需要的营销方法、售卖策略、运营策略都有别于通常的标准住宿企业；其次，这样的中小企业信息能力比较弱，很多人搜集不到相关的信息也就无法预订。即使其中会有一些企业主动寻求与OTA等平台的合作，但这个数量不足总量的5%。况且这些平台惯于与标准住宿企业合作，非标准住宿的房间一到上面就成了双人房、商务房而失去了其最重要的特色。看透了这些，大鱼就开始整合全球中小旅游住宿供应商，尤其是非标准住宿的供应商，先把他们聚合在一起,再让他们把订单发给大鱼,有一部分也会给携程和去哪儿,帮他们营销到大的平台上。

但是大鱼在做非标准住宿预订的时候是只做境外而不做境内的。关于这个问题,我们特意咨询了大鱼的创始人姚娜。对于选择做境外,这个创始人不但有她非常理性的看法和理由,还有一点小情怀渗透其中。她是这样说的:"第一是境内做的人太多了。第二是我算是一个有情怀的人。我做旅游是因为我想实现当初成为一名记者、发挥影响力的愿望,希望我能改变大家的旅游方式或者出行模式。比如从跟团到自由行,从住宾馆到非标准住宿,从只住一两晚到能在某个地方停下来,这些都是我能去改变的。我觉得我已经成功改变大家对中国台湾旅游的看法,我现在正在努力改变大家对日本旅游的看法。同时我也在改变这个行业,我在这个行业不是很出名,因为我一直在做国外的事情。其实现在看来,台湾供应商都觉得我们改变他们太多了,他们从来没有想过装一个大鱼的应用就可以在手机上接单完成所有动作。两年前他们都不用智能手机,现在都在用。以前接待大陆客人他们会觉得很麻烦,现在他们很欢迎大陆客人。我觉得这是我从小小的实验开始影响了供应商也影响了中国人,这可能是我最希望的。"

说起非标准住宿,民宿当属其中的重要部分,其中台湾又是民宿业的典型代表。我国的宝岛台湾位于热带地区,旅游资源和旅游品质极佳,每年都吸引着大量游客前来观光。台湾民宿最初兴起于20世纪90年代,是伴随着农业区和原住民区农业观光旅游的发展而逐渐进入人们的视野的。2001年时,"台湾交通部观光局"颁布《民宿管理办法》,规范和指导民宿的发展。截至2015年4月,台湾已有合法民宿5000余家,共有房间数量20 000余间,民宿资源非常丰富,而且设计简单精致、风格独特,深受大众喜欢。

大鱼的非标准住宿信息整合与预订业务就是从台湾开始的。大鱼把台湾当作自己的一个试验场,认为把一个完全系统化、模式化的跨境交易从一个地方扩展到另一个地方是需要找到这样一个沟通成本最低、经济成本最低的试验场的。之所以选择台湾,除了前面提到的台湾本地非常丰富的民宿资源外,大鱼还考虑到了两点。第一是大鱼诞生的时候台湾自由行刚刚兴起,应该选一个新兴的目的地以减少竞争对手。第二是台湾顺风顺水,大鱼的创始人们判断此地一定会成为一个热门目的地,只要大鱼积累整合这些线下资源,就能成为这个市场中首屈一指的大平台。

如今大鱼在台湾的业务已经做得风生水起,就像姚娜说的,她也成功地通过大鱼改变了大家对于台湾旅游的看法,使台湾当地的旅游供应商改变很多。目前大鱼正在着力主攻日本非标准住宿,姚娜同样希望大鱼可以改变大家到日本旅行住宿的方式,改变日本旅游供应商的供应方式。此外大鱼的业务也触及到了泰国和韩国,未来大鱼会如其名一样延伸向更广阔的领域。近期,大鱼还完成了一轮融资,携程入股成为其股东,大鱼将被纳入携程海外战略,成为其海外资源的重要拓展者。

 理性与柔情共存　严父与慈母共担

大概说到这里,又一个吸引大家眼球的内容出来了,那就是大鱼的创始人究竟是个什么样的人物呢?姚娜,大鱼的创始人兼CEO,毕业于清华大学,有着丰富的职业经历,谷歌系出身的女性创业者,做事果断决绝、严肃认真,为人处世亦不乏女性的细腻与柔

情。对于大鱼的员工们来说,她既是严父又是慈母。

理性的严父

长发及腰的美女大多给人的印象是乖巧、静默而小鸟依人,若不是她开口的那一瞬间和她精彩的职业经历以及讲述时的坚定态度,我怎么也不会想到她竟是一个如此雷厉风行的女子。姚娜的理性不仅体现在她对自己职业生涯的规划与选择上,还可以从她对员工的严格要求中窥出。

清华传播学院硕士毕业的姚娜在2005年研究生二年级的时候就被Google选中,成为Google在中国最早的一批雇员,以文科的背景结缘互联网行业。三年半之后,姚娜离开Google加入了一个如今广为人知但当时很小的创业团队——豆瓣,2009年她又加入母婴网站宝宝树,直至2013年开始独立创业。几段看似简单并不连续的职业历程中其实都隐含着姚娜的深思熟虑,她的每次选择和每次离职都会令很多人不解,而这也恰恰是她的远见之处。

十年前的互联网行业并不像如今这样万众瞩目,更多人会觉得国企或者公务员是更好的职业,而姚娜的原则却是绝不会离开互联网行业。2008年离开Google的时候,姚娜已经是Google的全球雇员,可以申请调岗到其他国家工作,成为全球金领,各方面的福利待遇都非常好,是众多莘莘学子梦寐以求的目标。她却在顶峰时毅然转身。

姚娜在豆瓣的职位是商务拓展总监,工作的时间不长,但在那一年里她也设计出了如今还为大众所熟悉的豆瓣小站,并且使广告从从来没有收入到开始有了一百多万元的收入,养活了团队,做成了商业产品。

加入宝宝树后,她作为CEO助理代管公司的各种业务,经历了一个创业公司的各种变化、动荡,甚至是它所面临的各种问题、挫折和麻烦。也正是这种经历,为她今后的创业积累了丰富的经验。最终,姚娜因为不喜欢母婴行业而毅然决然离开宝宝树,开始独立创业。

她的每次离职似乎都是选择在她那份工作历程的巅峰时刻,她所放弃的似乎是众人眼中丰厚的薪水、稳定的工作甚至美好的前程,但是姚娜非常理性地对自己的职业生涯进行明确的规划,她会跟着自己的计划走,而不为媒体的鼓吹所动,也因此她的每次离开都非常坚定。她说:"我当时想的是在一个技术驱动的国际化公司去了解整个互联网运作的模式方法。再去一个社交的网站,看看社交的平台是怎么运作的。第三是进入垂直领域,看互联网和特定的人群结合会发生什么样的反应。所以这是我创办大鱼之前的三段职业经历,我的原则是我永远不会离开互联网。"

"三十岁之前要不计一切回报地去学习",这是姚娜一直坚定的信念,所以在她二十几岁到三十岁期间,即进入职场的前七八年时间里,她做了很多尝试,在这几段职业历程当中,她并没有什么业余生活,而是一直在学习各种东西。不管在哪个平台上,她都会勇于承担很多工作,不计较薪酬,不计较该不该自己做,也不计较自己做了一些事情后别人会不会跟她计较,只是很纯粹地在学东西。

"三十岁之后要不计一切代价地爆发",这是姚娜现在在做的事情。姚娜总是在强调计划的重要性,说凡事必谋定而后动,三思而后行,但是不必想清楚再行动,大致想百分之七八十就可以行动了。所以在她清晰的职业生涯规划中,姚娜顺理成章地走上了创业的道路。

十年前,谷歌进驻中国时它在中国完全是一张白纸,对于人才的选拔也相当苛刻,在面试的车轮战中只要有一个面试官说"不",这个人就会被淘汰。姚娜之所以在研二时就被谷歌选中,是因为十年前的谷歌正处于企业文化的塑造过程中,刚刚开始全球扩张,对于文化方面的匹配要求非常严格。所以除了能力之外,谷歌对一个人的性格有很严厉的要求,这种性格被他们称作"Googlely",即旺盛的学习能力,自由奔放的意志和对世界充满好奇。所以,在准备大干一番的时候,她对合伙人、创业团队、员工的要求都极其严格,她所寻到的也必是同样 Googlely 的人。

姚娜寻到的第一合伙人,也是大鱼的联合创始人黄勋章,毕业于复旦大学计算机系。合伙人是一个非常重要的角色,很多创业公司在后来走不下去的原因都是合伙人之间出现分歧,所以她必须找到一个能和她一起分享快乐和面对危机的亲密无间的人。在最开始的时候,抛开创业的宏伟构想,姚娜和黄勋章聊的都是一些看起来似乎虚无缥缈的东西,怎么对待父母、朋友和前任,对于某部电影有什么样的看法,甚至假想自己如果拥有花不完的财富会怎样去支配。姚娜通过这些来观察一个人的人生观、价值观、金钱观,直到可以确定他是一个值得合作的人。

很多同事觉得姚娜在工作中并不像一个女性,也许是因为即使作为女性,姚娜本身也会憎恶女性的一些性格,敏感、纠结、多愁善感。她尤其不能忍受很多女性的过分纠结和玻璃心,而且坚决表示这类员工是无法在大鱼立足的。她会当着很多人的面对员工进行批评或者表扬,若是一颗玻璃心不堪忍受而破碎就请离开,若是承担得了就留下成为一个优秀的人。

在对工作人员的招聘中,姚娜有三个不变的严格标准,第一是对于成功有一种渴望,第二是非常乐观,第三是学习能力极强。她还有一套强势的淘汰机制,只跟志同道合的人合作,也以此来逼迫员工成长,以"严父"的角色在逆境中锻炼员工。

柔情的慈母

如果你认为姚娜就只是这么一个理性严肃的人那你就大错特错了,女性固有的细腻柔情她也会有,只是她会选择何时展现。且不说姚娜的长发及腰和得体的穿着打扮,在与员工的相处之中,姚总也可谓是极尽"慈母"般关怀。

大鱼有一个专门负责做饭的阿姨,大家亲切地称她为熊阿姨。熊阿姨来自江西,是第二个加入大鱼的员工,跟着团队从三个人开始一直到现在。阿姨烧得一手好菜,是大鱼的"厨师担当"。谷歌系出来创业的人都喜欢培养一个阿姨,只要阿姨饭菜做得好了,团队发展就好。所以不管办公室搬到哪里,姚娜都会建一个厨房,请熊阿姨每天为员工做两顿可口的饭菜。中午十二点一顿,下午四点左右一顿。午饭荤素搭配合理,下午茶一般是一些粥和糕点。做饭所用的米、面、油、肉、蔬菜等都是从正规大超市采购回来的,大家每天不必自己考虑吃什么就会有人为自己搭配好饭菜,吃得很健康。再加上熊阿姨的好手艺,很多人都开玩笑说一来大鱼就吃胖了。姚娜觉得自己要发自肺腑地关心大家,员工干很久会很累,但她必须要保证大家吃好,为大家的健康负责。即使有一天有人离开了大鱼,她也要确保员工带着更强的能力和更好的身体离职。熊阿姨也说,只要她老家的儿子不喊她回家带孙子,她就愿意跟大鱼一直一起成长。

谈起对于员工的激励机制,姚娜在工资方面给的一般,但很注重福利。除了请阿姨做饭,办公室顶上全都覆盖除霾系统;给在公司附近租房的人提供补贴;通过长时间默默地观察在生日的时候给员工一个惊喜,送他们感兴趣或者有需求的礼品给他们,每个人的生日礼物都不一样,而且会附上一张手写的贺卡。大鱼还有一个很有意思的规定,每天下班最晚的人要一起合影,为辛苦的工作平添一份乐趣。如今大鱼已经有了一个照片集,里面有很多很有意思甚至很古怪的照片,照相也成了大鱼生活的一种特色。

但是这些在姚娜看来都不是最重要的,最重要的是她能够提供给员工们有利于学习的工作氛围和环境,可以让他们经历一个创业公司从起步一步步成长的过程,尤其是其中遇到各种挫折、麻烦及克服的过程。只要能在此展露才华的人,她都会给机会让他们去更好地学习,姚娜特别提出自己很强调一个学习型的组织。而学习型组织需要在一种扁平的机构当中才能良好运转。大鱼的内部组织也非常符合这种标准。据大鱼产品经理黄莉盈介绍,大鱼是很平等自由的,在遇到问题时工作人员可以找到公司的任何人去询问。如果员工有了一些想法,只要是为公司着想的,也可以直接找到姚娜去聊,不必非要经过自己的上级这样层层递进,而且其他人不会有什么意见。当然,大家很清楚什么样的事情可以这样跨级去找她,而不是任何琐事都要麻烦她,乱了套路。

有的时候,姚娜还很像一个大小孩。产品经理黄总跟我们讲,有一次黄总的一个广告做得很烂,姚娜很不满意,就劈头盖脸地当着很多人的面批评了她,她自己也很难过。但是事后娜姐很快就拿了个棒棒糖过来笑眯眯地去哄她,像个小孩子一样安慰她。不管是她自己还是大鱼的其他员工,都理解姚娜,知道她是一个对待工作极其理性、认真和严肃的人，但是与同事相处时她又成了孩子，和同事们打成一片。所以若是哪天姚娜要是有点小情绪心情不好了，所有人都能立马看得出来，自然也都乖乖地顺着她不去招惹她，过不了多久他们的娜姐自然就会满血复活地恢复回来。

 逍遥工作，理性做事

有着这样一个"高情商""高技术"的领导，大鱼的组织氛围和组织文化也显得更有生命力，更有希望。大鱼的员工大多是85后，一群年轻的、充满活力的、真心热爱互联网和旅游的人。如同姚娜一样，我们发现这个群体很是和睦，大家可以随性逍遥地去工作，但做起事来一个比一个理性而认真。也许正是大鱼的这种逍遥不散漫，理性而不拘束的企业氛围才造就了他们今日的成就。

大鱼员工内部之间的关系很好，而且包括姚娜在内，他们绝对是一群健康达人。据说姚娜在上学时很擅长长跑，工作之后虽然时间变得很紧张，她也坚持跑步的习惯。一次到台湾出差，即使行程单上已经密密麻麻，她还是在晚上结束工作之后加了一项10公里的跑步计划。据大鱼员工介绍，他们每周都会一起"约跑"一两次，视天气和工作量情况而定，每次跑五到十公里。他们还有一个爬山的团队，至少每个月会聚集在一起爬山，锻炼身体的同时也可以舒缓工作压力，放空自己。大鱼内部这种"帮派"还不止这些，除了运动，他们还有一个"电影帮"，每周放一次电影，有时人多有时人少，但只要是大家一起观看的总会多了一份乐趣。

别看大鱼员工们一个个看起来逍遥自在，在做事的时候，大家会迅速转换模式，认真对待。有的时候讨论某个问题，不管是管理者还是员工,大家都会很积极也很严肃地提出自己的看法,这个过程当中不免出现分歧。为了通过探讨得到最好的产品,所有人都不会因为身份、压力等问题轻易妥协,争执的各方往往步步紧逼,不肯让步,争得面红耳赤。但是事情过后,大家还是老样子,会相互逗乐开玩笑,而不会因此心生芥蒂。针对这种分歧和争执,大鱼还提出了一个"分歧终端机"。这个"分歧终端机"分三步来解决问题:第一,自己不说话,先听对方讲5分钟。第二,把分析以书面的形式写下来。第三,寻找分歧中的共通点和磨合点,求同存异共同解决问题。这个方法屡试不爽,问题最终总能得到解决。

 基于性别特征的 CEO 寄语

关于对性别特点的看法,姚娜觉得不管男女都有很多的优点和缺点,任何人要先看透这些,再根据自己的情况去克服缺点、发扬优点。前面也已经提到,姚娜很坚定地认为女性有这样一些特点甚至可以称为缺点,敏感、纠结、多愁善感,尤其是很多女性的过分纠结和玻璃心,这些都是她很憎恶的东西。或许姚娜对待性别的这种态度是因为从小受到了母亲的影响。听姚娜讲述,她的妈妈也同样果断而雷厉风行。妈妈本身就不是一个玻璃心的人,正是母亲的这种特点促成了她本人的成就。姚娜觉得自己的天性其实也像大多数女性一样是比较脆弱比较容易受伤的,但是她会去慢慢改变自己,才有了今天的坚韧和果敢。

女性也是有很多优点的,在事业方面,姚娜说:"比较两性来说,男性创业者成功的普遍比女性多得多,但是如果有女性在事业群里能够成长出来,往往比同领域的一般男性优秀得多。男性会比较好面子，有时候不够坚韧，情绪波动大，这是男性与生俱来的雄性冲动造成的。女性在这种基因方面就比较好，同时女性如果能够具备跟男性一样的各种能力，比如强悍的执行力、战略融资能力和良好的身体素质，她本身性格上的优点就能被放大。而且女性极其坚韧，直觉特别好。其实创业到了一定阶段，并不是靠你比别人在方向、战略上突破了多少，大多靠的还是很强的管理能力，女性的管理要比男性好。"所谓领导能力，在姚娜看来，创业时首先是需要个人魅力的，然后就是清晰的战略，把战略拆解，让每个人能从心底里接受，并且用很多包括金钱、梦想、福利等在内的激励措施让大家团结起来朝着共同的愿景努力。

在心理学的研究当中，有一篇由北京大学心理学系王登峰教授写的文章《中国人性别角色量表的建构及其与心理社会适应的关系》。文章通过一些男女性别差异因素建构了中国男女性别化量表，不同于我们平时对于两性的区分，他将性别角色划分为未分化、男性化、女性化和两性化，而不同性别角色的职业适应性与社会适应性也是不同的。在文章的结论当中，揭示中国文化是偏女性化的，或许这也可以解释为什么东方女性总是具有更多的柔美，同时也表现出更多的脆弱，正如前面所说到的玻璃心。对于姚娜在这篇文章中的性别角色匹配结果，我们不敢妄下定论，但是她一定是一个"女中豪杰"。

如今，在旅游和酒店业的从业和研究中，总体上是女性多于男性，这种情况在校园里尤为明显。姚娜也表示希望女性们可以意识到并克服自身的缺点，成为不仅能为自身而且能为社会带来价值的人，也希望学校对于旅游酒店类的人才培养，可以更加注重实践学习。

三十岁之前不计任何回报地去学习，三十岁到四十岁不计任何投入地去爆发，姚娜说大鱼是她为自己四十岁以后周游世界而做的网站。她有着踏实和勤奋的现在，也始终向往着诗和远方的生活。在这个浮躁的世界里，在互联网泡沫不断涌现和破碎的时代中，姚娜始终脚踏实地地呵护大鱼的成长，不为媒体的鼓吹所动，只按照自己的步伐一步一个脚印地前进。她说女性创业者是不吹牛的。她是新时代女性的典型代表，也是万千世界里一朵宝贵的玫瑰，期待她带领大鱼披荆斩棘，呈现给我们越来越好的互联网旅行产品。

青田女儿追梦巴塞罗那
——记海陆空旅游网 CEO 叶伟梅

致一位女士：

玫瑰放射最细微的芳香，星星闪烁最纯洁的光芒，夜莺用最深沉的啼声，将夜色的美丽尽情地歌唱。

这是西班牙诗人胡安·拉蒙·希梅内斯的《春天》。

我们今天的主角叶伟梅女士就是这春天的使者，她用自己的创业平台，将全球的华人带到胡安吟诵的西班牙。

来到西班牙，看一场巴萨或皇马的球赛，聆听八万人球场发出的震耳欲聋的呼喊，感受西班牙足球激情似火的魅力。再去看一场斗牛，如果够勇敢的话，参加每年 7 月的潘普洛纳奔牛节吧。还有不可错过的城市之一巴塞罗那，因被塞万提斯描绘成"最美丽的城市"而蜚声世界。来到巴塞罗那，就不得不提建筑大师高迪。他的建筑作品圣家堂、米拉之家、巴特约之家、桂尔公园等会让你惊叹不已。城市的标志性建筑——圣家族大教堂，也是他的设计，至今施工 100 余年，仍未竣工。每一细微处的设计都饱含创意。而这些神奇遗产和异域生活对于大多数华人来说还是十分陌生和遥远的。

青田精神扎根斗牛之乡

叶伟梅来自浙江青田。青田地处浙南山区,素有"九山半水半分田"之称。青田农业极度不发达,历史上一直是缺粮区,又无工商之利,所谓"(邑)无平田衍土以耕,无柔桑良葛以织,无鱼盐商贾之利,无畜牧贩卖之饶。东南之硗壤也"。人多地少,粮食匮乏的问题十分突出。为生活所迫,青田人纷纷外出谋生,流徙异地。近代以来,青田人通过宗族移民链条,通过拼命般地勤奋,构建了一个跨越中国与西班牙的商业帝国,蓬勃封闭而神秘。他们是如此集中,以至于外界常将他们称为"青田帮"。

1997年2月7日,她永远记得那一天,在除夕之夜——中国最重要的传统节日里踏上飞往巴塞罗那的航班,开启自己的创立历程,为自己的职业生涯拉开崭新的一幕。

医学背景的她,毕业之后去医院工作,可谓顺其自然的事。当年在国内,医生的工资虽然不高,但是待遇还是相当不错的。从医四载,之后她还是在亲人的帮助下,出国规划自己的职业生涯了。她选择了西班牙,因为有一个在那里生活了20多年的姐姐。刚开始可以先去姐姐的服装厂打工,最起码有一份工作,也解决了吃饭睡觉的问题,在情感上也不是无依无靠。但是不懂西班牙语,就不能做与人交流的工作,所以只能从不用说话靠力气干活的苦工做起。要想在西班牙更好地生活下去,必须把语言这关给过了。在当时的环境条件下,华人学习西班牙语并没有专门的语言学校,只能向当地的老师学习。在这方面,她倒是得到姐姐的大力支持。平时在姐姐照看工厂时,抽出时间去旁边的学校"蹭课",利用老师课间的时间赶紧学习一些单词。就算在这样的学习条件下,她仍坚持了半年。学习一门语言已经是一件头疼的事情了,更别提生活习惯方面了。国外与国内天差地别的环境,让她本就瘦弱的身躯有点扛不住了,想回家,回到祖国的怀抱。可是,回国根本不能解决问题,反而带来更多的麻烦,因为当初申请的是工作签证,国内的工资连工作签证的保险都交不起。

曾经无数的温州青田人,正是在类似的困境下,退无可退,只好勇往直前,开辟出一条道路。正如鲁迅说的那句话,"其实地上本没有路,走的人多了,也便成了路。"

在她心中,有一种不服输的精神,也正是这种劲头,让她再次回到西班牙。回来之后,她首先给自己树立的目标就是给自己一年的打工时间,把语言这一关闯过去。她选择在餐厅的酒吧做跑堂,这样可以直接和老外接触交流,让自己的口语在最短的时间内得到提升。毕竟是大学生,记忆力和学习能力方面还是很好的,后来仅仅半年的时间,基本的语言沟通就不成问题了。掌握语言成为她奋战西班牙的第一战。

 ## 从打工妹到掌门人

在餐馆打工期间,看到台湾老板娘用机器熨烫桌布,这给她很大的启发。那时候在西班牙的中餐馆里,还基本都是人工熨斗熨,所以看到这个机会之后,她在亲朋好友的帮助下购买了一台熨烫机,开始从餐馆、酒吧揽活儿,做起了洗涤公司的生意。

青田人的创业模式就是一起凑钱。先把所有的钱凑起来给一家开店,这家开成功了,再凑钱给另外一家开店。所以通常创业的第一笔资金来源于亲戚。她的机器也从1台大型工业洗衣机,发展到后来可以熨烫1000公斤的自动折叠熨烫机,规模越做越大。在这个行业她可谓第一个吃螃蟹的人。用她自己的话说,那时候资金基本上只有进没有出。

在洗涤酒店用品的时候,随着和酒店方的合作越来越熟络,一些酒店经理希望她可以提供中国厂家的一次性用品,如毛巾、床单、拖鞋、洗发液、沐浴液等。因此她又将业务从洗涤扩展到了酒店的床单、被罩、浴巾租赁,同时也给酒店提供拖鞋、牙膏等一次性用品的销售。最后,西班牙的一次性用品大供应商都找她洽谈供货业务。当时西班牙市场需求达到500家酒店的规模。

规模做大了,盈利的空间也就大了,可是我们都知道,购买熨烫设备要远比洗涤一个桌布的价格贵上许多,这也是很多中餐馆自己熨烫,而市场中没有一个洗涤工厂出现的原因,大家在这里边看不到大的利润,对这微乎其微的利益不在乎。在西班牙开百元店,餐馆、皮革、服装加工等规模不大且利润空间有限的这些店铺大都是我们熟悉的面孔,中国青田人。是的,青田人不怕辛苦,从别人看不起的蝇头小利做起,顽强地生存着。

叶伟梅的洗涤生意一直顺风顺水,但是2008年开始的经济危机,让每一个在西班牙生活的华人都有了深刻的体会。她的洗涤生意同样受到了惨重打击。2008年金融危机的爆发从金融界一路波及实业界,酒店业作为与金融实体关系最为密切的产业,不利影响在所难免。经济形势不好,酒店的入住率下降,因此换洗的床单量也急剧下降。为应对金融危机,酒店也不得不缩减成本,削减了一次性用品的订购量,原本要为酒店一间客房提供10种一次性用品,此时减少到最基本的洗发液、沐浴液、小肥皂3种了,其余都积压在叶伟梅的洗涤店里。这让她损失了一大笔收入。随着经济危机的发展大供应商也不能按90天期限支付支票了,这样就开始恶性循环,造成资金紧张。正如叶总所说,从一台机器一个人扩展到那么多台机器那么多个员工是不容易的,要再削减回去一台机器一个人的小规模经营,是无法实现的。因此,她只好关闭了洗涤公司。

她回过头来分析洗涤公司关闭的原因,想到在西班牙做洗涤生意需要很大投资,这方面可能和国内不太一样,国外的酒店自己是不购买床上用品和餐桌上的台布、口布的,都是安排洗涤公司按照每个酒店的要求和等级进行购买,之后再帮助各酒店在台布等上面印上各酒店的标识。例如,五星级酒店需要的一条毛巾成本就达20欧元,通常一个一般规模的酒店就需要大约100个,为了这100个的需求,洗涤公司就要为这个酒店准备400个的库存,以备不时之需。类似这样,就造成洗涤公司巨大的库存成本。等到经济危机的时候,资金周转不开,业务就会受到限制。

在经济危机面前,很多人要么勒紧腰带,度过寒冷的冬天,要么另谋出路。她属于后者,主动出击是她在商场上制胜的法宝。

壮志凌云,打造旅行服务平台

"斗牛之乡"的飞牛

洗涤公司虽然关闭了,但是在旅游方面叶女士也算是积累了丰富的经验,和酒店的关系并没有终止。

这些年,旅游业成为新兴行业,对于国民经济具有巨大的带动作用。旅游在中国的兴起，使得一大批游客不再满足于自家的"小花园"，渴望走出国门，看看外面的世界。出国旅游的巨大需求造就了一批非常有实力的旅行社，他们将目的地市场延伸到了海外。虽然国内旅游快速发展，但是在出国游这方面，国民是零经验，要想走出国门可不是一件轻而易举的事情，需要各种证件和烦琐的程序。而且出国游，目的地是一个和国内环境完全不一样的国家或者地区，除了语言障碍，法律、政治等都是问题。国内的旅行社要和国外的资源供应商谈合作是非常困难的，首先获取国外资源信息的渠道是非常有限的，价格方面也没有优势。

她身处西班牙，对国内旅游的发展也是非常关心的。看到西班牙拥有非常好的旅游资源，了解到国内旅行社和西班牙供应商的尴尬状况，而自己已经在西班牙生活了这么长时间，又积累了很多旅游方面的资源，于是决定投身旅游行业。

叶女士创办的旅行社其商标非常有创意，是一只飞行姿态的牛。她认为在"斗牛之乡"的旅行社，"牛"的形象再合适不过了。可是在"斗牛之乡"的西班牙获批牛形象的商标是非常困难的，而且当时西班牙有一种酒的品牌，商标就是一只站立着的黑色的牛。产品商标发生冲突，但是出于对牛形象商标的钟爱，于是她改变想法，把牛的姿态改为飞着的，飞牛代言旅游，这样两个不同的产品也不会有竞争。从使用飞牛标识作为商标，可以看出她的执着；从旅行社的名字，我们可以看出她志存高远。取名"海陆空"旅游网，寓意在旅行的三种渠道，均取得领先地位。

海洋国度的邮轮

目前海陆空旅行社的业务涉及签证和邮轮两个大的板块。

现代国际邮轮以旅游观光和海上娱乐、休闲为主要功能,是海上的豪华酒店和度假村。邮轮旅游属于高端产品,主要对象是中产阶层。而出国游群体正是邮轮的服务对象。欧洲邮轮母港首推西班牙的巴塞罗那,设有6个客运码头,可同时停泊9艘邮轮。目前的邮轮线路,都可以通过网站上的自动搜索引擎获知,包括从哪里登口。目前登口主推巴塞罗那,因为在那海陆空会有一个免费接机服务。

专注西班牙的中文旅游信息服务商

这些或许还并不传奇,而从洗衣店到最后与工商银行合作运营跨境电子商务,她的确又跨出了一大步。她也知道,对于西班牙很多华商来说,电子商务还很遥远,但经济危机还未过去,中国制造成本的下降、人民币欧元汇率的起伏不定,都令传统的经营模式必须更新。关于如何转型,需要的不再是过去的经验,而是更新颖的思维方式和更先进的科技手段。"电子商务离我们很近,只是我们闭着眼睛假装看不到",她如是说。这一次她和国内的工商银行及中国的融易购搞起了合作,准备把国外品牌的东西卖到中国。也可以把中国的产品销往西班牙。目前在工商银行融易购上面,商品类型非常丰富,有旅游路线,邮轮,西班牙特产如橄榄油、奶粉等。

谈到这里,大家未免对她和中国工商银行的合作羡慕不已,是怎样的契机促成了他们的合作?这还得听她娓娓道来。前面提到,旅行社的业务之一就是签证,而这个业务跟她旅行社的地理位置优势分不开,因为旁边就是大使馆。刚开始的时候,因为工商银行距离使馆很远,签证费、护照费是由她的旅行社以工商银行的名义来收取的。为了保证资金的安全，旅行社的办公室会和银行的办公室一样，装有防弹玻璃。这些费用毕竟是国家的钱，每天收起来送到市中心的工商银行，在资金安全上有很大风险，所以最后还是放弃了。虽然这个项目没有成功，但是和工商银行的关系熟络了，后来工商银行中国区总裁去巴塞罗那视察就策划了融易购这个项目。在跨境电商方面叶总又是第一个吃螃蟹的人。

最后目标是做基于西班牙旅游资源的中文系统。用叶女士自己的话说，做旅游行业，要么不做，要做就做一个蜘蛛网一样的生态圈。

西班牙旅游业发达，是国民经济的重要支柱之一。著名旅游胜地有马德里、巴塞罗那、塞维利亚、马洛卡、巴伦西亚等。基于丰富的旅游资源，西班牙本土已经开发了一套非常完善的旅游资源系统。旅行社可以通过一个自动搜索引擎，了解到西班牙所有的资源供应商，包括邮轮、酒店、路线、门票，还有每天的特价信息，所有供应商都在这个系统里面，但是只针对西班牙市场和讲西班牙语的国家及地区。为了将国内旅行社和西班牙的资源供应商联系起来，她想基于这样的系统来做中文系统，说得通俗一点就是将西班牙的所有旅游资源汉语化，提供给国内和其他地区的华人旅行社。客户可以在该系统上查询所有西班牙旅游资源的信息，并打包后卖给自己的用户。这个系统正像是旅行社内部的订票系统。

西班牙的旅游目的地营销系统由西班牙人自己在做，拥有100多人的团队，而中文系统就是叶总的公司负责开发和管理的。在这方面她也遇到不少的难题，因为西班牙系统的开发公司不在巴塞罗那，她经常会飞到西班牙系统公司去学习和交流，每天还会有视频会议。在人才方面，甚至回国招聘一些国内的人员，在国外也会雇用一些留学生在她的公司实习，这为国外留学生提供了一个非常好的学习平台。

那么这样一个系统是怎样的盈利模式呢？中文系统其实是一个租用平台，把程序租给国内的旅行社。旅行社可以花费6欧元购买账号和密码，一键进入系统，获得里面所有供应商的资源信息。在其他盈利模式上，像邮轮这样的产品，会从每个利润点抽取15%的折扣，旅行社会得到13%，而叶女士只获得剩下2%的部分，而且国外的税收是由她这边支付的。这对于国内的旅行社是非常方便划算的。

整个中文系统已经用了一年的时间在开发，其中邮轮产品的系统已经开始运营了，网上有上万条的邮轮旅游线路，而且都是中文的，价格和西班牙官网保持一致。但是目前只针对国外的游客，可以做到在线支付。在国内的付款方式上还有一些法律上的问题需要再探讨。

目前的中文系统面临的主要是开拓市场的问题。随着旅行社业务的扩大和中文系统的逐步完善，前行的脚步距离目标越来越近了。

青田人在西班牙创业，基本上都是开百元店、餐馆等实体店，大家比较喜欢实实在在的东西，她做这种旅游互联网创业，在她这个年龄是第一个。她身边的亲戚朋友一方面感到很神奇，另一方面对做这样一个旅游后台资源的管理表示不理解。家人认为做一个实体旅行社就好了，接个团就多赚钱，卖个机票多赚钱。不看好她的创业模式，得不到家人资金的支持，所以目前她就靠实体旅行社作支撑，这也是她为什么一边做旅行社一边做系统后台的真正原因。

"巴塞罗那救星窝"

俗话说"久旱逢甘露,他乡遇故知,洞房花烛夜,金榜题名时",此乃人生四大乐事。因此当你在异国他乡,不知所措时,能有同胞伸出援助之手,实为幸事。

因为叶总的旅行社就在使馆的旁边,所以经常会接触到一些在西班牙旅游过程中遭遇困难的游客。为了帮助大使馆解决这些问题,她组织了一个名叫"巴塞罗那救星窝"的非营利性组织,希望能在大家最需要的时候提供一些帮助。她曾帮助一个丢失护照的年轻小伙。他是一个背包游爱好者,想要实现自己环游世界的梦想,可是刚刚踏上巴塞罗那的土地,就不小心将自己的护照钱包弄丢了,无奈之下,就来到大使馆,希望能得到使馆的帮助。除了帮忙办理各种证件,重要的还是提供一个挣钱的机会,因为钱包丢了,没有办法继续自己的环游旅程。工作赚钱可以让他有物质基础去继续自己环游世界的梦想。这样的举动正如古语所言"授人以鱼,不如授人以渔。"

还有一些人,只需要返程的机票,她就帮忙办理了。这些人回国之后,便将机票钱等费用一并返还给她,她就将这笔钱存起来,用来帮助下一个人。如果靠自己每次无偿的付出,要让这样一个非营利组织经营下去,是比较困难的,但是按照这种传递爱心的模式,就让"巴塞罗那救星窝"永远成为祖国亲人避风的港湾。这一点,叶伟梅值得我们为她点一个大大的赞!

从小家到大家的爱国情怀

每每提到家人,她的嘴角便洋溢着幸福的微笑。是的,一个疼爱自己的老公还有一双儿女。这个时候我们看到的不仅是一个企业家,还是一个贤妻慈母。

对自己的先生,除了骄傲和自豪,最多的就是感激。先生是做当地面包连锁店的,虽然也不太理解她未来做什么,发展方向在哪里,但是先生的支持,可以说给了她无限的动力与施展的空间。比如,有时候,她的公司做活动,先生的公司就变身她的后勤保障部门,提供面包等食品。

对自己的女儿和儿子,从来不放弃让他们学习汉语,在家里也是用汉语进行交流。而且对孩子从小就一直灌输仅是出生在巴塞罗那,但永远是中国人这样一种观念。她认为作为中国人不能忘本。可能几年后,孩子也会回国,所以小孩一定要会中文。

她的儿子热爱足球,早在4岁时,就被报送到西班牙巴塞罗那足球俱乐部进行专业培训,至今虽才12岁,但已成绩斐然。有次回到家乡,了解到近年来在县委、县政府的大力支持和扶持下,青田的体育事业有了长足的发展,这让酷爱体育运动的她倍感欣慰。但心系着中国足球事业未来的她也发现,就足球这项体育运动而言,青田还缺少专业性的培训场地及系统的培训机构。她说:"中国足球一定要从娃娃抓起。"她现在正与CCTV教育频道合作,不久之后就会在教育频道推出"足球宝贝"的栏目,为国内热爱足球的少年儿童提供一个良好的发展平台。

同时作为西班牙中华体育会的会长,叶伟梅还在足球文化交流方面积极贡献自己的力量。在2015年举办的北京32所高校大学生足球比赛，就是由海陆空旅游网牵头，中关村创意研究院和中国体育办协办的。北京32所高校足球队进行激烈角逐，最终的冠军队会获得与西班牙的职业足球俱乐部同场竞技的难得机会，这样的比赛活动对于促进中西足球文化交流大有裨益。叶伟梅也希望通过这次比赛活动能让更多的中国孩子走出国门，了解西班牙的足球文化，学习西班牙足球前沿技战术水平，从而提升足球运动水平。她想通过自身努力为青田乃至中国的足球培训及西班牙足协之间架起一座桥梁，为家乡和中国的足球事业发展尽一份微薄之力。

2016年2月8日，当天正好是农历正月初一。为庆祝中国春节，由中国企业控股的西甲劲旅皇家西班牙人俱乐部组织，在巴塞罗那西班牙人的球场西甲第23轮一场比赛前，上演了一场别出心裁的舞龙和书法展示等活动，之后在球场内的草坪上还进行了舞狮表演。当天的活动得到了2月1日新成立的"西班牙人俱乐部全球华人球迷协会"的支持。这是由俱乐部组建的全球华人球迷协会，也是希望搭建一个与中国球迷交流互动的平台，吸引更多中国球迷的关注。为了搭建好这样一个桥梁，叶伟梅女士受邀担任西班牙人俱乐部全球华人球迷协会主席。可以看到，叶女士在促进中西文化交流方面起到了良好的示范作用。她说这是西班牙人俱乐部自1900年成立以来，头一次在球场内组织庆祝中国春节的活动，之前该俱乐部还首次制作并发布了一条向中国球迷拜年的短片。她提到，现在的西班牙人队拥有越来越多的"中国元素"，比如当天比赛的两支球队球衣胸前的广告都属于中国公司，皇家社会是"钱宝"，西班牙人当日穿的队服是"RASTAR"（星辉），他们还有一套球衣胸前是"超级女声"。她表示当日的春节庆祝活动只是一个开端，计划未来与西班牙人俱乐部合作，面向本地西班牙球迷，组织更多的展示中国文化的活动。在这里我们也拭目以待。

 活出精彩

空中女侠

就像这首歌词一样，"没有恐惧，没有痛苦，也没有指责。我会独自决定我的命运，我现在必须学会解放自己的思想，只要我能像天空之王一般飞翔，不会坠落也不会下降，我将为你描绘他。只要我能飞，通过我的眼睛俯瞰整个世界，我需要意识到内心深处还有梦想，我的信仰已经没有对未知的恐惧。"叶女士是西班牙第一个拿到飞行执照的华裔女性。她喜欢飞行的感觉，享受驾驶飞机的刺激感。

从嫦娥奔月等神话故事我们可以看出，人类自古就有飞行的梦想，但莱特兄弟的天才创造，把人类过去的梦想从神话变成了现实。在西班牙的近二十万名华侨中，叶女士就是这样一位巾帼不让须眉的女中豪杰。

之前完全没有驾驶背景，要学会开飞机，考虑到身体素质、金钱、时间等问题，在我们看来是不可能的事情。但是她想做就做，绝不让自己后悔。亲戚朋友知道这件事，劝阻是必然的，但是她向来雷厉风行，下定决心的事情就不会改变。就这样，她利用零碎的时间学习理论知识，一有时间就在教练的指导下，租用小型飞机，集中训练。没有做不到的事,只有想不到的事。当她顺利拿到飞行驾照的时候,所有人都赞叹不已。现在,她已经是巴塞罗那飞行协会的会员,每隔一段时间,她都会去机场里飞行一次。她用自己的实际行动,挑战看起来不可能完成的事情。

不断学习

在企业战略管理现有文献中,多谈及企业家学习精神是企业持久竞争优势的根源。终身学习的能力对创业家来说是非常重要的。

叶女士在成家立业后,自费到英国留学,开创了巴塞罗那女侨胞先河,因为她是唯一一个没有高等学历、自费留英的华侨。六个月的学习期间,叶女士不辞辛劳,每星期有五天在英国学习,周末两天回巴塞罗那打理生意,就这样每周往返两国,一直坚持到学业毕业。她还参加了四川大学的研修班和北京大学的研修班。她牺牲自己的周末时间,打飞的上课。她也承认,这样做很辛苦,可是可以通过这样的机会,和中国的创业家一起交流学习,这是非常难得的,自己也非常珍惜这样的机会。同时回国了解中国旅游的发展情况,对于她在国外的业务开展也是非常有利的。国家对于华侨的回国学习也是非常鼓励的。让国外的有志青年,回国继续研读学习,这在以前是根本不可能的,一定程度上也显示了国家的强大。

叶总自己也提到,创业成功的要素有很多。首先,坚持很重要,因为创业的道路不是一帆风顺的,总会遇到一些难解决的问题。就算到最后一步终究失败了,也不要放弃。创业,不是说一直做大做强的,可能也有一天像股市一样下跌。其实无所谓,一定要调整好自己的心态,就算睡茅草屋,也要想还有一个茅草屋可以睡。经历很重要,所以创业中的坚持是必需的。还有,创业一定要得到家人的支持尤其是自己配偶的支持,因为缺少家人的支持和谅解很多事情是没办法开展的。最后,大胆地创业,不要害怕困难,车到山前必有路,即使没有路,也可以转换方向。永远不抛弃,不放弃,铿锵玫瑰终将绽放。

有谱的领导者
——记游谱旅行网COO赵杨

管理学界有句名言：一只狼领导的一群羊能打败一只羊领导的一群狼。这句话充分说明了组织中领导者的重要性。本文的主人公也是个卓有成效的领导者，而且是个女性领导者。她的名字叫赵杨，她所在的创新型企业是游谱旅行网。

 独属于你的旅行——游谱旅行

近年来，随着国民收入水平的提高以及休闲时间的增加，国人出行的目的地也从最初的城市周边游发展为省内游、跨省游及出境游，出境游的目的地之前可能只局限在东南亚，现在世界各地都能看到中国游客的身影。根据国家旅游局的统计，2015年中国公民出境旅游1.2亿人次，旅游花费1045亿美元，同比分别增长12%和16.7%。联合国世界旅游组织数据显示，自2012年起，中国连续多年成为世界第一大出境旅游消费国，对全球旅游收入的贡献年均超过13%。2015年，中国出境旅游人数、境外旅游消费继续位列世界第一。

与此同时，旅游在国人心中的概念也在悄然发生着变化，社会也进入新的旅游消费阶段。以往说起旅游,常常是报一个旅行团,跟着导游走马观花地看景点,看的景点越多,拍的照片越多,代表着旅行的成果越丰富。但是,随着旅游次数的增多,人们越来越不满足于这种快餐式的旅游方式,越来越多的人开始从"走马观花"变成"下马赏花",越来越多的国人摆脱了对旅行社的依赖,新的旅游概念开始出现。"背包客""自驾游""自由行""沙发客"等,中国人逐渐向"散客时代"迈进。

相比于牧羊式的跟团游,自由行把游客从千篇一律的行程安排中解放出来,旅行更加自由、个性化。然而,自由行也有相当多的痛点,尤其是出境自由行。痛点之一是行前的准备阶段。众所周知,丰富的旅行信息可以给旅客带来安全感,身处异国他乡,了解得越多,对出行越有利。但是,过量的旅行信息对旅客来说增加了游客的选择难度。现在,许多旅行社区网站,如穷游网、蚂蜂窝等积累了海量的旅游攻略,这些旅游攻略都是 UGC(User-generated Content,用户生产内容,也称 UCC,User-created Content),内容是否可靠暂且不说,但说游客花了大量时间浏览旅游攻略后,发现许多的内容是重复的,不仅浪费时间,还没有找到符合自己兴趣的行程安排。面对出境自由行游客的这一痛点,创业公司游谱旅行网应运而生。

游谱旅行网成立于 2014 年 4 月,源于个性化行程规划的概念,由《孤独星球》(Lonely Planet)①作者、资深旅行作家组成的行程规

---

① "孤独星球"是世界最大的私人旅行指南出版商,由托尼·惠勒和莫琳·惠勒 1972 年在澳大利亚维多利亚州墨尔本西郊的富兹克雷区创立。在伦敦、奥克兰、新德里和北京设有办公室,其旅行指南就称为《孤独星球》系列,历史相当悠久,是第一个针对背包客撰写的旅行系列丛书,受到背包客及其他低开销旅游者推崇。

划师团队来制作 PGC（Professionally-generated Content，专业生产内容，也称 PPC，Professionally-produced Content）、建立丰富的行程数据库、采集出境旅行者的个性化需求，以智能演算法来生成个性化量身定制的行程，再辅以行程规划师协助改进，为出境游用户提供个性化行程规划服务。

世界上最大的传媒集团之一维亚康姆集团（Viacom）的创始人、传媒帝王萨默·雷石东曾经提出，"传媒企业的基石必须而且绝对必须是内容，内容就是一切！"后来这句话简称为"内容为王"，被传媒界人士奉为圭臬。现在，这句话也成为互联网人的圭臬。伴随着互联网迅速发展，各类网站崛起，高度重复和毫无新意成了一大隐患，甚至于挂羊头卖狗肉！而"内容为王"告诉我们，网站的生存之道在于网站的内容质量，提供优质的网络资源供用户浏览是一个网站的根基。

传统的 UGC 生成虽然不能说成毫无价值，但是海量 UGC 的存在使得用户选择困难，如果想要获得用户的认可，对 UGC 进行再"精加工"势在必行。而 PGC（Professionally-generated Content，专业生产内容）和 OGC（Occupationally-generated Content，职业生产内容）即是比 UGC 更加专业化的内容形式。一般认为 Web2.0（论坛、博客为代表）和 Web3.0（社交平台、微博客为代表）的相继流行，UGC 功不可没。随着移动互联网的发展，网上内容的创作又被细分出 PGC 和 OGC。

以 OGC 为代表的网站如各大新闻站点、视频网站（爱奇艺、搜狐等），其内容均由内部自行创造和从外部花钱购入版权，是有偿的内容生成；以 UGC 为代表的网站如各大论坛、博客和微博客站点，其内容均由用户自行创作，管理人员只是协调和维护秩序；PGC

则在这两种网站中都有身影,源于其既能共享高质量的内容,同时网站提供商又无需为此给付报酬。有了游谱旅行网专业人士提供的专业信息以及个性化定制服务,出境游游客再也不需要进行烦琐的行前准备了。

  谈到游谱旅行网的产品,不得不提游谱旅行网的创始人团队。因为游谱旅行能够为游客提供专业化的 PGC 旅行信息及个性化行程规划服务,得益于它豪华的创始人团队。首先是游谱旅行网现在的 CEO 李小坚。李小坚有 9 年多为《孤独星球》(*Lonely Planet*)创制 PGC 的经验,《孤独星球》在中国成立公司后首任总经理的经历,对旅游需求和传播诉求有精准把握,在构建专业的行程规划服务上会有绝对的优势。其次是钟鸣,是原蜗蜗游旅行网 CEO,一直从事在线旅游商务,早在中青旅时就进行这种行程规划的尝试——将基础的车、导、门、餐等旅行产品打散,用旅游专业人士的经验来重组最受欢迎的线路,并实现动态打包和实时计价①。另外就是原《孤独星球》中国出版人、游谱旅行网首席内容官(Chief Content Officer)叶孝忠,负责游谱旅行整体 PGC 创制。作为原《孤独星球》中国出版人,负责统筹《孤独星球》在中国的内容设计、创制以及调研工作,开创了《孤独星球》中国国内指南系列及其他原创产品。叶孝忠足迹遍及全球 80 多个国家,以旅行为生,为华人地区多家媒体撰写旅游和设计等专栏及文章。丰富的旅行经历、大量旅行 PGC 的实际操作经验,让游谱旅行 PGC 制作的定位更加清晰,游谱是要将自己的 PGC 直接再升级为贴合用户切实需求的 PGC。且叶孝忠与李小坚之前是《孤独星球》中国公司多年的合作

---

① http://www.traveldaily.cn/article/88610

搭档,这样默契的组合进驻游谱,看起来游谱是要做移动互联网版本的《孤独星球》①。

2015年9月21日,出境游在线服务商游谱旅行宣布完成千万级人民币A轮融资,此次融资由GGV领投,经纬创投、淳时资本、左驭资本跟投,左驭资本同时担任此次融资的独家财务顾问②。

从游谱旅行网创立到获得融资,只有不到一年半的时间。游谱旅行网的成长与游谱旅行网的创始人团队分不开,其中最为特殊的是游谱旅行网唯一的女性创始人赵杨。赵杨对游谱旅行网意义重大,可以说,没有赵杨,就没有现在的游谱旅行网。

 取是能力,舍是境界

赵杨在游谱旅行网有其特殊的位置,因为是她一手创立了游谱旅行网,是游谱旅行网的原CEO。之所以现在不再当CEO,这中间有一段故事。赵杨与李小坚是在一次旅游行业大会上结识的。根据李小坚的回忆,当初在参加旅游行业大会时,他看参会名单,看到赵杨这个名字,一开始以为是个男士,后来见面才发现赵杨是个女性创业者。经过慢慢相处,李小坚发现赵杨果敢干练,做事干脆理性,逻辑性强,具有很强的抗压能力,最重要的是为人很真诚,因此,他和赵杨成为了好朋友。在赵杨刚刚创建游谱旅行网时,李小坚帮助赵杨出谋划策、介绍合伙人。通过相互交流和沟通,赵杨发现李小坚是最合适游谱的那个人,因此,赵杨把CEO的位置空出

---

① http://photos.prnasia.com/prnh/20150309/0861501633
② http://tech.qq.com/a/20150921/049860.htm

来,希望李小坚能够加入游谱旅行。这让李小坚感到莫大的支持与信任,恰巧他原来的工作到了一个转折点,因缘际会下,李小坚成为了游谱旅行的CEO。

当被问及对于将自己CEO位置让出的看法时,赵杨表示,"每个人对自己应该有一个更好的判断,找到自己更适合的位置。比较来看,李小坚更加沉稳,擅长沟通,而我却简单务实,我更适合把控公司的内部业务流程,他主外我主内,这样的分工模式,都是适合彼此的。CEO、COO的岗位并不是我看重的,重要的是把创业这件事情做成,这个意义比职务名衔重要得多。创业的时候做成事情,比其他的都要重要,不要纠结谁是COO、CEO,谁拿的股份多一些或少一些,这是很重要的一个前提。没有放手的话,就没有一些很好的伙伴,创业成功的概率就小很多。"Shamir和Eilam(2005)等在归纳真诚型领导者所具备的性格特征时说道,"真诚型领导者有清晰的价值观及责任感,他们履行职能或采取行动时并不是为了获得地位、荣誉或其他的个人利益,而是为了自我实现①。""取是能力,舍是境界"。赵杨拿得起,放得下,明确自己的目标,清楚自己的位置,知人善用,以真诚待合作伙伴,恐怕这也是游谱旅行有这么多优秀人才加入的原因。

十年磨一剑

很喜欢唐代诗人贾岛写的那首名为《剑客》的诗,"十年磨一

---

① Shamir B, Eilam G. "What's Your Story?" A Life-stories Approach to Authentic Leadership Development[J]. Leadership Quarterly,2005,16(3):395-417.

剑,霜刃未曾试。今日把示君,谁有不平事?"诗中描绘了一个为了理想与抱负卧薪尝胆十多年,只为了在未来能够施展抱负、一飞冲天的剑客。而赵杨现在能够创办游谱旅行网是她十多年苦心孤诣的结果。

2000年,赵杨大学毕业开始工作,起初的五年一直在互联网领域工作。彼时,正好赶上互联网刚刚起步。赵杨尝试了几乎互联网所有的岗位,从制作到设计,产品运营到无线互联网,也经历过WAP比较火的时候,5年的工作为后来的创业奠定了互联网方面的基础。

2005年,赵杨到快乐e行网工作,这家公司是赵杨工作经历中最为感激的一家公司。在这里,她得到很多学习和成长的机会。当时这家公司的创始人有十几年日本留学经历,拿到日本500强的投资,回中国创办了这家公司,且赶上了旅游互联网爆发的节点。当时国内比较典型的OTA是携程、艺龙,主要营销模式还是线下派卡。相较之下,快乐e行网在初创时期,一直在做在线营销,比如早期的SEM[①]、SEO[②]、EDM[③]投放。赵杨也是从这家互联网公司开始进入旅游互联网这个领域里来的。赵杨是以产品经理的角色进入这家公司的,负责网站相关产品的设计、研发及平台的构

---

① SEM:Search Engine Marketing,中文译为搜索引擎营销,是指在搜索引擎上推广网站,提高网站可见度,从而带来流量的网络营销活动。
② SEO:Search Engine Optimization,中文译为搜索引擎优化,是指在了解搜索引擎自然排名机制的基础上,对网站进行内部及外部的调整优化,改进网站在搜索引擎中的关键词自然排名,获得更多流量,从而达成网站销售及品牌建设的目标。
③ EDM:Email Direct Marketing,中文译为电子邮件营销,EDM营销就必须有EDM软件对EDM内容进行发送,企业可以通过使用EDM软件向目标客户发送EDM邮件,建立同目标顾客的沟通渠道,向其直接传达相关信息,用来促进销售。

建。由于这是一家创业公司，很多方面还不太健全，而且创始人刚从日本回来，本身的人脉资源有限，因此，这家公司在进入的方式和速度上都比较慢，但是同时也给予现有的员工更多尝试的空间。

虽然来这家公司是做产品经理的，但是也因为业务探索，开始尝试了市场营销领域。早期的5年互联网经验使赵杨掌握了一些互联网的常规营销方式，比如SEM、SEO、EDM投放，而这些对于传统的OTA来说还是比较新的，所以，偶然中的必然，赵杨在这方面取得了不错的成就。同一时期，遨游网用了大概两年的时间，建立了规模庞大的呼叫中心，拥有上百个客服，但是却一直没有电话量。相比之下，赵杨采取了很多在线营销方式，取得了当时行业排名前三的名次，促进了公司的快速发展。当时，这家公司在线化比例很高，70%的业务来自线上，基本通过系统的方式解决问题，减少了人工的成本。在这家公司，赵杨的工作跨度很大。从市场营销到网站平台构建，再到负责机票业务、管理技术团队，赵杨学习和成长得很快，开始了解互联网电子商务的整个流程和体系。"之前做互联网销售工作，模式比较简单，包括展示内容和广告模式；但是电子商务的工作，包括线上和线下，除了做好网站、用户体验与营销外，更多的是售后的业务流程，如与供应商的合作关系。总之，这个体系的每一个环节，都有机会去尝试和了解，也能把它串联起来，相对会比较复杂。"按赵杨的话来说，在这家公司工作的5年，基本把一个创业公司该走过的路和坑都踩过了。在离开这家公司时，老板调侃赵杨，"这家公司烧了2500万美金，收获最大的可能就是你了。"

由于在快乐e行的从业经验，赵杨在旅游互联网领域拥有了很好的人脉基础。快乐e行是第一家和去哪儿做战略合作的

OTA,之后和酷讯也有合作关系。赵杨和去哪儿网原首席运营官彭笑玫、CEO 庄辰超都是一起成长起来的。初生牛犊不怕虎,赵杨在和去哪儿与酷讯的合作中展示出个性中霸气的一面。虽然还是新人,但是赵杨是第一个敢跟去哪儿和酷讯签 200 万框架的客户,通过酷讯和去哪儿两个渠道,辅助其他 SEM、其他模式平台,得到了稳定的业务量,投入产出都是良性的,整个线上营销渠道很健康,在这个过程中也与去哪儿和酷讯建立了很好的关系。"去哪儿把我们作为他们的典型用户,因为我们会提出一些需求,这对去哪儿也是有意义的,因为它可以知道从哪里去改进。另外,我们当时也进行了自动竞价和渠道投放算法,进行投入与产出的评估,从而自动调整策略,而这些方式在去哪儿看来都是比较超前的,也促进了去哪儿改造他们的业务流程。"双方在这样不断的信息交换中,共同进步,也获得了对方的认同。

离开快乐 e 行,赵杨来到酷讯①,负责酒店销售业务,具体是将流量卖给客户(当时主要的客户艺龙)。之所以选择这个岗位,是因为之前没有做过销售工作,以前都是作为甲方去工作,没有做过乙方,因此想要挑战下自己。当时酷讯的酒店业务也刚刚起步,处于找不到方向的阶段。赵杨就和艺龙方沟通,了解他们的需求。因为之前和艺龙一样处在甲方的位置,了解艺龙的需求是什么,所以在销售的过程中很容易得到他们的认可。渐渐地,赵杨找到了做销售的自信,学会如何平等地与客户对话以及如何影响对方。之后,赵杨负责酒店事业部,管理整个酒店团队。酷讯的组织结构

---

① 酷讯是中国领先的在线旅游搜索引擎,是全球最大旅游社区 Tripadvisor 旗下企业。

是一个垂直化的结构，按照业务线划分，包括机票业务、酒店业务、无线业务、火车票业务，每个业务线都像一个小公司的体系，有商务部门、产品部门、技术部门、客户运营部等，除了营销和设计横向职能之外，这个团队基本上还是很健全、很独立的。赵杨把酒店事业部也做得有声有色，在投入不变的情况下，产出基本实现翻了一番，整个团队也得到了公司的认可。

在酷讯工作的3年中，赵杨团队曾推出过针对单体酒店的一个产品，要推广这个产品需要参加行业的论坛，通过做演讲介绍产品，赵杨逐步进入这个圈子，也逐步有了自己的影响力，从最开始公司花钱做演讲，到后来有人请她去做演讲。如果之前是在不断学习的话，那么在酷讯赵杨建立起了自己的个人品牌，在行业里面也有了人脉和影响力，而这些都为创业做了很好的铺垫。

羽翼的逐渐丰满，加上国家政策的支持，使赵杨有了自己创业的想法。一次出境游经历成为赵杨创建游谱的导火索。有次去美国游玩，在出发前没有做好很好的准备，结果玩得很不理想。此时，赵杨注意到出境自由行是一个未成熟的市场，其中有很多用户的痛点没有解决。越是信息不对称的行业，越会有更多可抓住的机会。考虑到现在移动互联网的火热、出境自由行的火爆，此时进入是个很好的时间节点，此为天时；另外，自己在这个行业有相关人脉以及知识积累视为地利；最后，十几年的工作经验，拥有了自己的核心团队，大家一起成长，彼此认同，视为人和。天时、地利、人和，创建游谱网水到渠成。纵观赵杨的工作经历，感觉彼此之间相互独立，但是彼此之间又透出偶然中的必然，互相耦合。

创业的路途是曲折的，但是创业的收获也很多。"创业最大的收获是心理会成长很多，"赵杨如是说，"创业公司最大的问题就是,当你融入不同角色的人群的时候,需要很长时间的磨合成本,这是很难避免的。在磨合的过程中,合作伙伴之间会因为各自的工作方式不同、合作方式不同,产生分歧与误解,大家会选择放弃自己的一些东西,接受别人的一些东西,最后各自在团队中找到自己的位置,整个团队达到一种平衡,目标一致,这是心理上的一种成长,创业最大的收获是你的心理会成长很多。"

 马不扬鞭自奋蹄

在访谈赵杨的过程中,赵杨提了一个词让我印象深刻,这个词是自驱力。什么是自驱力? 自驱力是"不须扬鞭自奋蹄"的精神,是不需要敦促,自动奋发,自己能让自己跑起来的内驱力。拥有自驱力的人,他们对待工作的态度是百分之百的投入,对工作有一种非做不可的使命感,并且不计任何报酬。很多企业在潜意识中将员工放在被动的位置上,企图用一种外在驱动力,如强制、督促或者物质奖励等来挖掘其才智。而布兰迪斯大学的权威研究结果显示,奖励会降低表现的级别,不如员工自我驱动的效果。

在创业的过程中,赵杨就有一种自驱力,同时也认识到创业企业需要具有自驱力的员工,自驱力是游谱企业文化的一部分。这种企业文化直接反映在公司的招聘上。据赵杨描述,"游谱旅行网招聘的人首先是具有创业情怀的人,绝对不是打一份工挣一份钱的人。在创业初期环境恶劣的时间加入且留下来的人都有很好的自驱力,他们渴望与公司一起成长。因此,他们一定不是追求安稳的人,他们敢于付出、勇于冒险。那些追求安稳的人,最后待不了很长时间,就会自己离开。"也因为共同的价值观和企业文化,公司内部的关系很和谐。同时,赵杨认为,只有具有相同风格的人,做事情才会开心。大家认知一致,才有利于创新企业走远。美国管理学大师菲利浦·塞尔日利克也曾经说过:"一个组织的建立,是靠决策者对价值观念的执着,也就是决策者在决定企业的性质、特殊目标、经营方式和角色时所做的选择。通常这些价值观并没有形成文字,也可能不是有意形成的。不论如何,组织中的领导者,必须善于推动、保护这些价值,若是只注意守成,那是会失败的。"总之,组织的生存,其实就是价值观的维系,以及大家对价值观的认同。

价值观是企业文化的核心,是把所有员工联系到一起的精神纽带,是企业生存、发展的内在动力。赵杨有意识地培养游谱旅行网共同的价值观,有利于游谱旅行网上下团结一心、目标一致,促进游谱的成长。

简单做人　务实做事

英国诗人弥尔顿有句名言是这样说的,"学会以最简单的方式生活,不要让复杂的思想破坏生活的甜美。"你,简单了,你的世界就简单了;你,简单了,事情就简单了。赵杨就是个追求简单的人。她告诉我们,要学会简单地处理事情,要享受当下,享受过程。"有些人会对人生有规划,我基本很少做这种规划。但有些人说我的人生规划做得特别好,我说你反过来看是这样的。而当时做选择,我只要自己觉得在这个过程中是开心的,不要想太多,只要享受当下,这个对我来说最重要。如果这个事情让我觉得没有乐趣的时候,我也不会浪费时间忍耐什么,不去迁就环境。"

因为简单,所以务实。访谈时,当我们问到"不同性别的创业者有什么差异?"时,她给我们举了个例子。"一般女性做到100分,可能自己只感到自己做了80分,而男性是我做了60分我就敢说自己是100分,男女之间自信心上有很大差异,女生更加保守务实一些。"务实的性格也导致了赵杨做事的目标感很强。"我是容易聚焦的一个人,如果这样事情需要我去做我就行动"。也因为务实,不会想太多,所以赵杨也是"比较简单"的人。简单并务实的性格使得赵杨成为一个善于处理事情的人,一个具有超强执行力的人。

她提到自己的工作经历,"当公司认为某件事情困难的时候,我就承担下来,虽然也不知道自己能不能做,但是会形成一种习惯,事情总会有办法解决。去经历、尝试,你会发现很多事情没有想象得那么难。在酷讯负责酒店事业部时,曾经被领导指责产品、员工能力等各方面问题。批评一堆,但我感觉这些都不是问题的本质。通过思考,我找到问题的关键,就是把酒店收益做起来,才能得到公司对你的认可,团队才能被认可,才会得到支持与发展,这是核心问题。后来通过两个月的时间,通过客户的合作、新的商业模式改进,酒店事业部的收入在投入不变的情况下翻了一番,得到领导的认可,给了我们团队更多的空间去发展。明确目标,把事情做简单。明确一个目标节点,然后行动,把关键问题解决了,后续的很多问题就会迎刃而解。"世界组织行为学大师、领导力大师保罗-赫塞博士(Dr. Paul Hersey)说过,"成功企业的经验和研究结论表明:执行力的本质就是领导力。"领导力与执行力是统一于领导者身上的两种职务行为取向,领导力决定执行力,执行力保障领导力,二者相互推动、相互促进。赵杨卓越的执行能力为游谱旅行的未来加了一层保护伞。

 沟通连接彼此

现代管理学之父德鲁克说,"一个人必须知道该说什么,一个人必须知道什么时候说,一个人必须知道对谁说,一个人必须知道怎么说。"这句话说明了沟通的重要性。毕竟"会哭的孩子有奶吃",很多事情只有经过沟通才可以得到解决。西方有一句谚语"Lead through effective communication",译成中文意思是"领导力是凭借有效沟通而建立起来的"。托马斯·法兰达在《不同寻常的感受:增加商业利润的领导原则》中指出:"对于一个领导人而言,没有什么比有效沟通这种技能更重要的了。"可见,领导力与沟通之间的关系是密不可分的,即成功地实现领导的过程是有效沟通的过程,有效沟通有利于领导目的的实现和逐渐确立领导的权威。

作为女性创业者,赵杨在沟通方面做得很好。首先,她与家人做了很好的沟通,很好地处理了家庭—工作的平衡(Work & Life Balance)关系。组织中的员工除了过职业生活外,还经历家庭生活。家庭对员工本人有重大意义,也会给职业生活带来许多影响。工作与家庭间的潜在冲突对职业生活的影响甚至超过个人发展目标对职业生活的影响。

首先,父母给予赵杨充分的自主空间。虽然会担心创业很累,但是因为赵杨喜爱也对她表示了充分的支持。其次,先生很了解赵杨,知道赵杨不会做一个在家相夫教子的全职太太,因此对赵杨的工作也很支持。作为女性创业者,比较特殊的一点是她还是个母亲。创业很辛苦,晚睡早起,因此赵杨没有给予孩子充分的陪伴时间。但是，在有限的工作时间内赵杨给予了孩子更多思想上的教育，包括处事风格，用自己积极的人生观来影响孩子。比如专注的问题，孩子一般不会对一些事情很执着，而大人做事情的风格是否执着对孩子会有一定的影响，赵杨在这方面就特别注意给孩子做好榜样；此外，赵杨对于一些很有价值的事情都会很努力地去完成，而这些也对女儿起到积极的引导。为了更好地感谢家庭对于自己工作的支持，赵杨和创始人李小坚建了家庭微信群，双方家庭的人可以互相沟通，通过朋友圈也可以随时了解两个家庭成员的动态，赵杨和李小坚的友谊也延展到双方的家庭成员之间。有时候，双方买书时也会多买一份给对方的孩子。因为有了沟通，大家相互体谅，相互支持。

企业在经营管理和日常事务中，由于人与人之间、部门与部门之间缺乏沟通和交流，常常会遇到一些摩擦、矛盾、冲突、误解。这将影响到公司的气氛、员工的士气、组织的效率，使企业难以形成凝聚力，人为内耗成本增大，甚至导致企业死亡。因此，企业文化建设的一个主要内容就是增进文化沟通。有团队、有管理，就必然需要沟通，唯有沟通才能减轻摩擦、化解矛盾、消除误解、避免冲突，发挥团队和管理的最佳效能。赵杨在访谈时也多次提到沟通的重要性。因为创新企业团队汇聚了不同行业背景的人，这个时候只有相互沟通、相互磨合，才可以达成共识，向着目标迈进。赵杨举了一个关于沟通重要性的例子，"人都是会慢慢改变的，如果你不沟通，你就不会发现这种改变。比如我们一开始觉得某个人做营销是合适的，但是他现在对产品更加感兴趣。没有沟通，你可能就不知道这个事情。这样有一天他可能会突然提出辞职，你问为什么，他就说他想做产品，不想做营销。我们沟通了之后，说你可以踏实地做产品。"

"有了目标,就朝着目标迈进;享受当下,过程就会过得很开心。把应该做的事情做好,该有的就会有。不要去预设什么,只有这个阶段在做什么,实现了就很好。"赵杨说。

信奉简单的人做着不简单的事,这就是赵杨,有谱的领导者。